ATENDIMENTO DE QUALIDADE EM POSTOS DE COMBUSTÍVEL

ATENDIMENTO DE QUALIDADE EM POSTOS DE COMBUSTÍVEL

Sumário

Agradecimentos **7**

Apresentação **8**

Antes de abastecer **10**

O trabalho em um posto de combustível

A importância do frentista **18**

Recepcionando o cliente **22**

Apresentação pessoal **24**

Aspectos comportamentais **27**

Comunicação **29**

Ética no trabalho interpessoal **33**

Trabalho em equipe **36**

Técnicas de atendimento **38**

O que é autosserviço? **42**

Autosserviço em outros setores **44**

As atividades diárias do frentista

Gasolina comum **51**

Gasolina aditivada **52**

Álcool **52**

Diesel **53**

Biodiesel **53**

Diesel aditivado **53**

Operação-padrão de abastecimento **54**

A rotina dos postos de combustível **61**

Teste de combustíveis **64**

Limpeza da pista **66**

Troca de óleo **68**

Calibragem dos pneus **76**

Recebimento de valores **79**

Segurança **82**

Entendendo a mecânica básica dos veículos

Motor **86**

Sistema de arrefecimento ou refrigeração **91**

Sistema de transmissão **94**

Sistema de direção **96**

Sistema elétrico **98**

Segurança no trabalho

Noções para prevenção
e combate de incêndios **109**

Noções de primeiros socorros **115**

Depois de abastecer **123**

Abastecimento extra **124**

Referências **125**

Gabarito **131**

Sobre a autora **133**

Agradecimentos

A escrita deste material tornou-se possível devido à ajuda inestimável de alguns bons profissionais da área de postos de combustível. Os meus sinceros agradecimentos a Rogério Polatti Schühli, Paulo César de Lima, Paulo César de Lima Júnior, Denilson Augusto Santana, Ludemberg de Mello, Sandi Loebel, Claudemir dos Santos Urbano, Eledir Simões, Daniel dos Santos, Jefferson da Veiga e Cristiano Oliveira.

APRESENTAÇÃO

Para os brasileiros, o carro é uma espécie de **membro da família**, um ente querido. Essa é uma característica da nossa cultura, por isso, o profissional que ajuda a manter o veículo **em ordem** é considerado um **amigo**.

É grande o número de oportunidades de emprego para frentistas em todo o Brasil, sendo importante mencionar que, em muitos casos, atuar nessa função é uma forma de **entrar para o mercado de trabalho**.

O principal objetivo deste livro é fazer com que você **conheça um pouco mais o segmento em questão**. Para isso, abordaremos algumas noções de **mecânica básica** e, principalmente, **técnicas** de atendimento ao cliente e de relacionamento interpessoal. Assim, por mais que você já esteja trabalhando como frentista, esta leitura poderá ajudá-lo no **dia a dia da profissão**.

A partir de agora vamos desvendar juntos as alegrias e dificuldades que englobam o cotidiano do profissional que atua em postos de combustível!

Antes de abastecer

O trabalho do frentista envolve diretamente o **atendimento ao público**. Atualmente, no entanto, a qualidade desse atendimento tem sido um **grande problema** para várias empresas, inclusive para os postos de combustível. Como estamos falando do atendimento a pessoas, é necessário ressaltar que preferências relacionadas ao ambiente físico, à localização do estabelecimento e às atitudes dos funcionários **influenciam diretamente** na percepção do cliente sobre a qualidade do serviço oferecido.

O atendimento ao público é, muitas vezes, visto como algo **simples**. No entanto, isso não é verdade. Para atender bem, é preciso **conhecer as pessoas** com quem você estiver lidando, saber como elas se expressam, do que gostam e como reagem em diferentes situações.

Para conhecer melhor o ser humano, precisamos, antes, **conhecer bem a nós mesmos**, e isso não é fácil, não é verdade? Afinal, quem de nós nunca reagiu de **forma extrema** em determinada situação e, depois, se arrependeu do que fez?

Para que possamos controlar certas reações em situações difíceis, precisamos, antes de qualquer atitude, **conhecer bem as nossas emoções**, ou seja, saber o que nos deixa felizes, chateados, com raiva ou desanimados. Ao reconhecer essas emoções, você poderá reagir da maneira adequada em seu trabalho. Isso influenciará **positivamente** o seu dia a dia.

Vale destacar que nós não somos capazes de controlar as ações das pessoas com quem interagimos e as situações com as quais nos deparamos, mas somos nós que **determinamos as reações que teremos**. Vejamos um exemplo prático bastante simples: Ao sair da cama, pela manhã, você dá uma "topada" na quina do guarda-roupa e machuca o dedinho do pé. Se você sair xingando todo mundo que vir pela frente, certamente seu dia não será nada bom. Porém, se você der uns pulinhos e esbravejar sozinho, antes de sair de casa, certamente esse fato não influenciará negativamente o seu dia!

Para um bom atendimento em postos de combustível, também é necessário conhecer a maneira de pensar do dono do estabelecimento, ou seja, os **objetivos** desse indivíduo.

Quando, diante dos objetivos do posto, o cliente é colocado em **primeiro lugar**, o frentista dispõe de mais tempo para prestar um **atendimento de qualidade** a cada pessoa que entra no local. Ele pode, inclusive, oferecer **brindes ou descontos especiais**, desde que estes tenham sido autorizados pelo dono do estabelecimento.

Dessa forma, quando **três fatores** – o **comportamento do cliente**, a **conduta do frentista** e os **objetivos do posto** – estão em harmonia, problemas como reclamações de compradores e insatisfações praticamente não existem.

Agora que você já tem algumas informações importantes sobre o trabalho do frentista, que tal começar a **abastecer seus conhecimentos**?

O trabalho em um posto de combustível

Atualmente, os postos de combustível não são apenas locais para o abastecimento de veículos, e sim estabelecimentos que oferecem **vários serviços** ao cliente. Esses serviços incluem tudo o que você possa imaginar, desde acessórios para carros – como palhetas do limpador de para-brisa, óleo de motor e aditivos – até as famosas conveniências – como revistas, lanches, guloseimas e, em alguns casos, até filmes para locação.

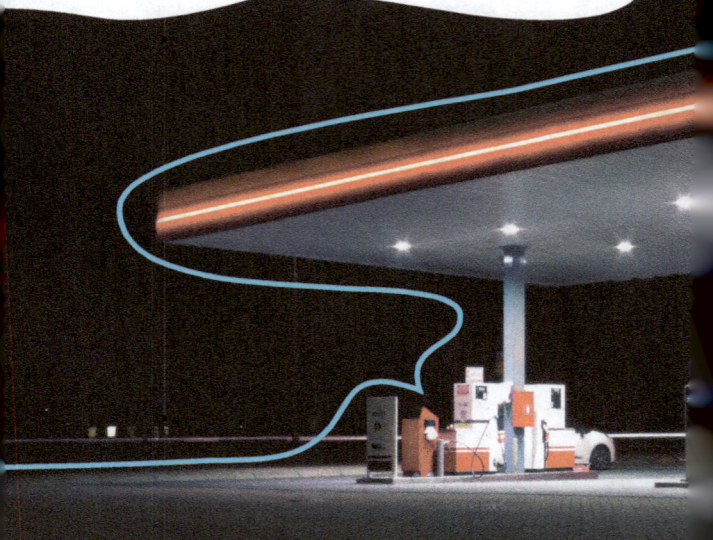

Mas nem sempre foi assim. Em 1939, ano em que surgiram os **primeiros postos**, estes eram construídos e administrados pelas **distribuidoras de combustível**. Os funcionários dos primeiros postos eram **pessoas da própria distribuidora de combustível**.

Entre 1975 e 1987, muitas **mudanças** aconteceram no segmento, sendo que a principal delas foi a determinação de que as distribuidoras de combustível não podiam mais atuar no varejo, ou seja, não podiam vender combustível em pequenas quantidades para o consumidor. Após essa determinação do Conselho Nacional do Petróleo (CNP), surgiram os **postos particulares** vinculados às denominadas **bandeiras**, que são as marcas das distribuidoras.

Como apenas as distribuidoras conseguiam autorização para a **abertura de novos postos de combustível** em qualquer local do Brasil, elas obrigavam os donos dos estabelecimentos a assinarem **contratos de exclusividade** por longos períodos de tempo, determinando a quantidade de combustível que era entregue no posto, o horário de funcionamento e a localização deste, além dos produtos que poderiam ser comercializados. Por meio dessa alternativa, as distribuidoras não atuavam diretamente no varejo e os postos não vendiam no atacado.

A palavra *varejo* – utilizada atualmente no Brasil – tem origem na língua portuguesa que era empregada pelos primeiros colonizadores portugueses que chegaram ao Brasil. O termo remete ao período em que uma **vara** era utilizada para fracionar produtos para a venda em pequena escala, diretamente para o consumidor final. Entre esse produtos, estavam tecidos, cordas, linhas, madeiras etc. Atualmente, os portugueses utilizam a expressão *retalho* para se referir ao *varejo*, que também denota claramente o fracionamento de produtos para serem vendidos em pequenas porções ou quantidades.

Diante desse contexto, vale mencionar que as lojas de tecidos atuais ainda utilizam uma **régua de madeira** com um metro de comprimento para fracionar seus produtos.

Hoje, as distribuidoras estão autorizadas a vender combustíveis no varejo, pois, além de distribuírem combustíveis – como o nome já diz –, elas os **revendem**. Vale ressaltar que o modelo mais utilizado pelas atuais distribuidoras é o **sistema de franquias**, em que o "dono" do posto é a própria distribuidora. Entretanto, quem administra o estabelecimento é uma **pessoa física**.

Abastecendo o seu conhecimento

Para saber mais sobre franquias, acesse o *link*: <http://www.administradores.com.br/informe-se/artigos/franquias-a-relacao-franqueado-franqueador/58641/>.

No ano de 1996, o Ministério de Minas e Energia (MME) **simplificou o processo de abertura e registro** para postos e novas distribuidoras de combustível. Com isso, os privilégios que as antigas e grandes distribuidoras tinham foram definitivamente **extintos**. Nessa época, surgiram as pequenas distribuidoras, que formariam **parcerias** com os postos.

Nesse período, nasceram também os chamados postos de "bandeira branca", ou seja, estabelecimentos que **não são vinculados a nenhuma distribuidora específica**, podendo comprar combustível da empresa que oferecer os melhores preços e condições.

Com o surgimento de novos postos de combustível, **aumentou a concorrência no setor**. Para conseguir manter os clientes e conquistar novos, os donos de postos locais foram obrigados a **reinventar seus negócios**, oferecendo **produtos e serviços diferenciados** e **melhorando a qualidade do atendimento ao público**.

1989: São inaugurados os primeiros postos de combustível.

Agora você compreende porque é tão importante oferecer produtos diferentes e atender bem aos clientes, não é mesmo?

Imagine que você é o **dono** do único posto de combustível de sua região. Estamos em 1996, ano em que o processo de abertura de novos postos foi facilitado. De uma hora para outra, você percebe que foram inaugurados três novos postos num perímetro de 5 km. O que você faria para não perder seus clientes? Que estratégias usaria?

1975 a 1987: Ocorrem mudanças significativas no segmento; após determinação do CNP, surgem os postos particulares.

1996: O MME simplifica o processo de abertura e de registro para postos e novas distribuidoras de combustível; surgem, nesse ano, os postos de "bandeira branca".

A importância do frentista

Para tratar da importância do frentista, que tal compararmos um posto de combustível a um *time de futebol*?

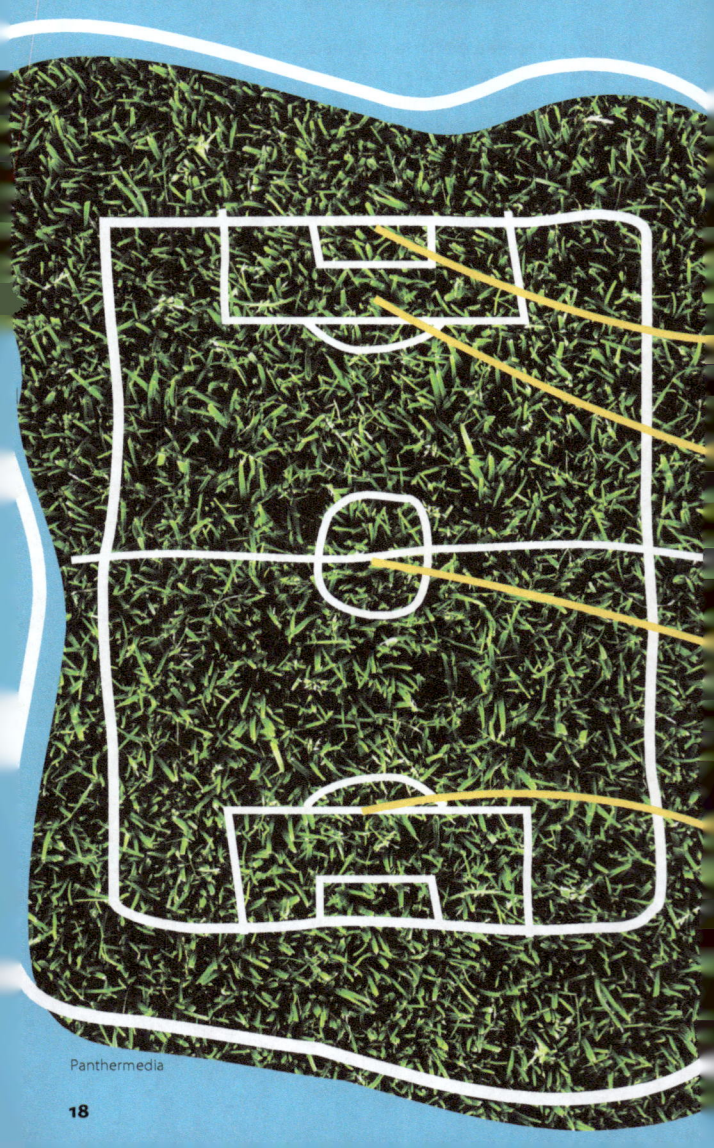

Um time é composto por **vários jogadores**, sendo que cada um tem o seu **posicionamento específico em campo**. De acordo com esse posicionamento, o jogador deverá exercer uma **função**, que, na maioria das vezes, está vinculada ao **esquema tático** determinado pelo **treinador** do time de futebol.

Dentro desse esquema, os jogadores podem ser organizados da seguinte forma:

Goleiro

Defesa: Inclui o goleiro, o zagueiro, os laterais esquerdo e direito e o líbero.

Meio de campo: É composto pelo volante, pelos alas direito e esquerdo, pelo meia-armador, pelos meio-campistas laterais esquerdo e direito e pelo meia-atacante.

Ataque: Inclui o atacante, o ponteiro e o centro avante.

De acordo com a Federação Nacional do Comércio de Combustíveis e Lubrificantes (Fecombustíveis),

[frentista é o] empregado que trabalha no manuseio direto de equipamentos destinados à comercialização de combustíveis, lubrificantes, aditivos e correlatos utilizados em veículos automotores. É também responsável pela venda e reposição de botijões de água, gás e outras mercadorias, pela calibragem de pneus e pelo recebimento de valores monetários a serem repassados de imediato, e possíveis sobras e faltas. Pode ainda receber combustíveis quando ausentes o Gerente e o Chefe de Pista, ou no caso de inexistência deste último. (Fecombustíveis, 2011)

Além dessa definição, é interessante mencionarmos outra: a do **frentista caixa**. De acordo com a Fecombustíveis (2011), além das atividades normais do frentista, esse profissional exerce a função de caixa, devendo realizar a **prestação de contas**.

Se comparássemos o frentista com um jogador de futebol, em quais **posições** jogaria o primeiro profissional?

Se pensarmos bem, chegaremos à conclusão de que o frentista atua como **atacante, meio de campo** e **defesa**, pois é ele quem **recepciona o cliente, abastece o veículo, efetua a venda de outros produtos** e ainda **recebe os valores** quando o cliente paga as compras em dinheiro. Viu só como não é tão fácil como parece?

A responsabilidade do frentista é grande, e seu **papel dentro da empresa é maior ainda**. Para que você possa **sair-se bem** em todas essas atividades, é interessante ficar por dentro de cada uma delas.

Panthermedia

Recepcionando o cliente

Ninguém gosta de entrar numa loja, num restaurante ou num posto de combustível e encontrar **funcionários de mau humor**, não é mesmo? Todos nós temos dias ruins, mas, durante o trabalho, precisamos deixar as dificuldades de lado, colocar um **sorriso no rosto** e lembrar que o cliente não representa um problema, e sim uma **solução**.

Assim, quando uma pessoa entrar no posto em que você trabalha para abastecer, comprar balas ou apenas pedir informações, cumprimente-o com um belo sorriso. Dessa forma, você já começará o seu trabalho causando uma **boa impressão** e conseguirá estabelecer um **relacionamento positivo** com o cliente em questão.

Outra atitude importante é **prestar atenção** nos veículos que estão entrando no posto de combustível. Nesse sentido, orientar os clientes por meio de **sinais**, mesmo que você esteja abastecendo outro carro, é uma boa maneira de recepcionar as pessoas que chegam no estabelecimento.

O fundador da rede de mercados Walmart (maior cadeia de varejo do mundo), Sam Walton, fez o seguinte discurso ao afirmar que a recepção ao cliente faz toda a diferença em um estabelecimento comercial:

> Eu sou o homem que *entra num posto de gasolina e nunca toca a buzina, mas espera pacientemente que o empregado termine a leitura do seu jornal.* (...) Eu sou o homem que, quando entra num estabelecimento comercial, parece estar pedindo um favor, ansiando por um sorriso ou esperando apenas ser notado (...) e espera pacientemente enquanto os funcionários trocam ideias entre si ou simplesmente abaixam a cabeça e fingem não me ver. Você deve estar pensando que sou uma pessoa quieta, paciente, do tipo que nunca cria problemas. Engana-se. Sabe quem eu sou? *Eu sou o cliente que nunca mais volta!* Divirto-me vendo milhões sendo gastos todos os anos em anúncios de toda ordem, para levar-me de novo à sua firma. Quando fui lá, pela primeira vez, tudo o que deviam ter feito era apenas a pequena gentileza, tão barata, um pouco mais de *cortesia*. *Clientes podem demitir todos de uma empresa, simplesmente gastando seu dinheiro em algum outro lugar.* (Breve reflexão, 2011, grifo nosso).

Diante disso, lembre-se: recepcionar o cliente com **cortesia**, ou seja, com educação e atenção, é o **diferencial** que fará de você um **profissional de sucesso**!

Abastecendo o seu repertório

Para entender uma das principais atitudes que uma pessoa cortês possui, entre no *link* a seguir e assista ao vídeo: <http://www.youtube.com/watch?v=pOOZNUJYU2M&feature=related>.

Apresentação pessoal

No início deste capítulo, nós comparamos o trabalho do frentista com o de um jogador de futebol. Agora, pense em como esse jogador *entra em campo* para uma partida. Ele está uniformizado e usa chuteiras, certo? Nessa perspectiva, vale lembrar que o futebol é um esporte de grande *desgaste físico*, e, durante o intervalo, o jogador chega até a trocar de uniforme. Mas por que ele faz isso? Para manter uma *boa aparência*, logicamente.

No futebol, **a imagem pessoal** do jogador **reflete no time inteiro**. Da mesma forma, a **apresentação pessoal do frentista** reflete na **imagem** que o cliente terá do posto de combustível. Por isso, esse profissional precisa ficar **atento à sua aparência**.

Uma boa aparência não se limita à forma como uma pessoa se veste ou aos conceitos de beleza impostos pela sociedade. Ela está ligada também à **atitude profissional**.

Vejamos um exemplo: com certeza, você já se deparou com alguém de quem não gostou muito, no começo, mas, de repente, a pessoa em questão começou a **falar** e a **sorrir**, e a sua opinião sobre ela mudou radicalmente. Por isso, tome cuidado com os gestos e as atitudes que irá utilizar com seus colegas de trabalho e clientes, pois **eles refletem a maneira como você pensa**.

É **fundamental** ter uma **aparência agradável**, e isso vale principalmente para os frentistas, que **lidam diretamente com o público**. Afinal, você é a **imagem da empresa onde trabalha**, e uma pessoa **mal vestida** causa uma **má impressão**.

Panthermedia

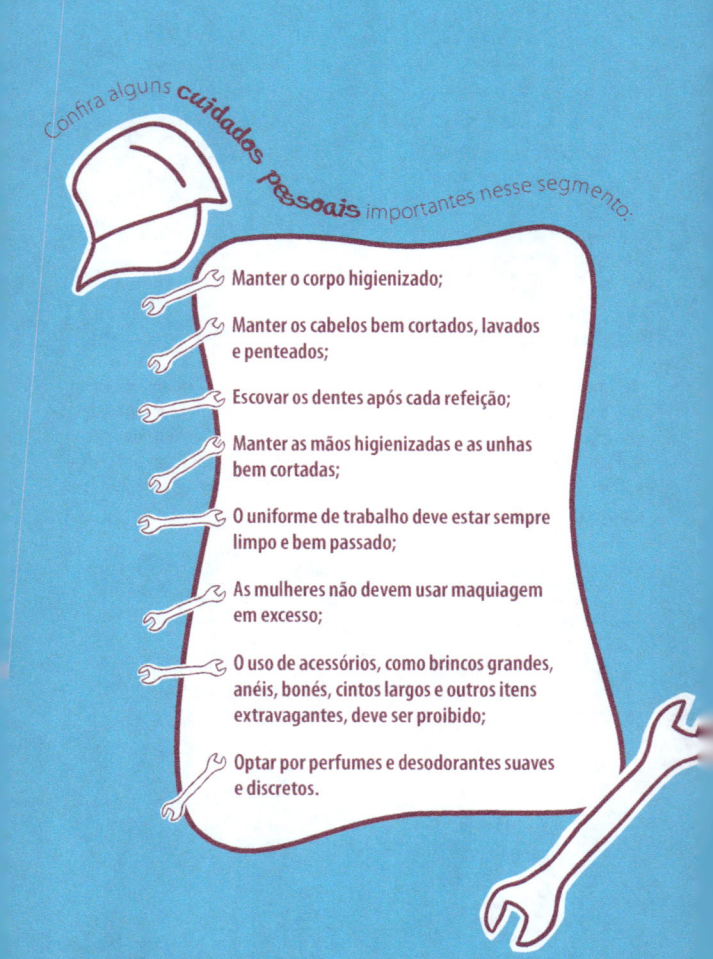

Confira alguns **cuidados pessoais** importantes nesse segmento:

- Manter o corpo higienizado;
- Manter os cabelos bem cortados, lavados e penteados;
- Escovar os dentes após cada refeição;
- Manter as mãos higienizadas e as unhas bem cortadas;
- O uniforme de trabalho deve estar sempre limpo e bem passado;
- As mulheres não devem usar maquiagem em excesso;
- O uso de acessórios, como brincos grandes, anéis, bonés, cintos largos e outros itens extravagantes, deve ser proibido;
- Optar por perfumes e desodorantes suaves e discretos.

Além de todos esses cuidados, outro, que também serve como **medida de segurança**, é **nunca fumar na frente dos clientes**. Isso porque os combustíveis são **altamente inflamáveis**, ou seja, pegam fogo com **muita facilidade**. Por isso, ver uma pessoa fumando em um posto não é **nada agradável!**

Aspectos comportamentais

Para desempenhar suas atividades, seja num posto de combustível, seja em qualquer outro ramo de atuação, o profissional precisa desenvolver *duas habilidades especiais*:

1. *Habilidades técnicas*: Estão relacionadas à facilidade em utilizar os conhecimentos específicos da área de atuação.

2. *Habilidades humanas*: Dizem respeito ao trabalho direto com outras pessoas. Nesse contexto, destacamos dois tipos de relacionamento: o intrapessoal e o interpessoal.

O relacionamento **intra-pessoal** é aquele que você mantém com a pessoa mais importante deste mundo: você mesmo. Ele envolve o **diálogo interno** e o **autoconhecimento**, assuntos dos quais já tratamos um pouco nesta obra.

O relacionamento **interpessoal** diz respeito à **maneira como você interage com as pessoas ao seu redor**, reconhecendo emoções e respondendo adequadamente ao temperamento e ao humor dos outros. Essa habilidade é utilizada especialmente na **formação de equipes** e na **negociação de conflitos**.

Diante disso, é importante salientar que, quando falamos de aspectos comportamentais, estamos nos referindo especificamente às **habilidades humanas**. Atualmente, os responsáveis pela maioria das empresas brasileiras comentam que a maior dificuldade nesse sentido é encontrar pessoas com habilidades interpessoais para o mercado de trabalho. Por isso, analisaremos de forma mais detalhada alguns fatores que podem ajudá-lo a melhorar o seu relacionamento interpessoal.

Comunicação

No tópico anterior, verificamos que é preciso ter cuidado com a linguagem utilizada com os colegas de trabalho e clientes. Por isso, agora falaremos um pouco mais sobre **comunicação**.

Com a evolução da tecnologia, principalmente dos computadores e dos telefones celulares, os indivíduos perderam o **hábito** de se **encontrarem pessoalmente** para conversar. Hoje, o relacionamento humano está baseado no *click*, por meio de mensagens de texto, mensagens eletrônicas (*e-mail*), *sites* de relacionamento ou salas de bate-papo.

Essa alteração na forma de se relacionar modificou a **maneira como as pessoas se expressam** e, consequentemente, a linguagem também sofreu algumas modificações. Essas alterações, por sua vez, afetam as **relações pessoais, comerciais, sociais** e **humanas**.

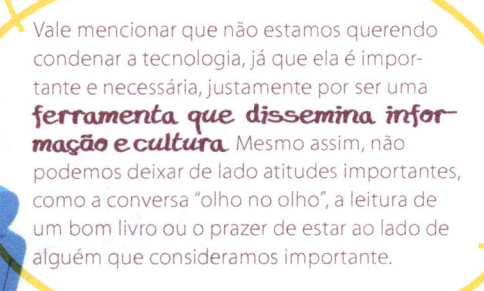

Vale mencionar que não estamos querendo condenar a tecnologia, já que ela é importante e necessária, justamente por ser uma **ferramenta que dissemina informação e cultura**. Mesmo assim, não podemos deixar de lado atitudes importantes, como a conversa "olho no olho", a leitura de um bom livro ou o prazer de estar ao lado de alguém que consideramos importante.

Uma boa maneira de treinar a comunicação pessoal é **praticando com amigos e familiares**. Tente ser mais **claro** ao falar, **ouça atentamente** o que os outros tem a dizer sem interromper, **aceite sugestões**, permita-se **mudar de opinião** quando necessário e, se for o caso, **defenda o seu ponto de vista** com educação e bons argumentos.

Para melhorar o seu vocabulário, a melhor dica é aquela que, com certeza, você já ouviu de seus professores de português: **ler muito**. Quando falamos em **ler mais**, isso não significa que você deve ler livros dos quais não gosta. Vale ler qualquer coisa, desde revistas e gibis até jornais. O importante é **colocar a leitura em dia** para **conhecer novas palavras** e **descobrir como usá-las** para expressar suas ideias de forma **clara** e **concisa**. Por isso, mencionamos a seguir alguns livros e filmes para que você aperfeiçoe o seu vocabulário:

Abastecendo o seu repertório

"Dom Quixote: o cavaleiro da triste figura", de M. de Cervantes.

Dom Quixote é um fidalgo que confunde realidade com fantasia e sai pelo mundo atrás de aventuras acreditando que é um cavaleiro medieval. Além disso, ele está sempre acompanhado por seu fiel escudeiro Sancho Pança, um indivíduo com uma visão prática e realista, mas que é fascinado pela imaginação de seu amo. Trata-se de uma história emocionante e envolvente da primeira à última página!

"Sete desafios para ser rei", de J. Terlouw.

Narra a história de um rapaz honesto, corajoso, inteligente e sem nenhum título de nobreza que deseja ser rei de um lugar que, há dezessete anos, é governado por seis ministros azedos e "quadrados". Quem sairá vitorioso nessa história? Não deixe de ler para descobrir!

"O terminal", de Steven Spielberg

Nesse filme bastante interessante, o estrangeiro Viktor (Interpretado por Tom Hanks) fica preso em um aeroporto americano e não consegue se comunicar porque não fala a língua local. Vale a pena conferir!

"Os miseráveis", de V. Hugo

O livro conta a história de um ex-prisioneiro que é perseguido sem tréguas por um inspetor de polícia fanático. A narrativa, de forte cunho social, possui elementos de trama policial. Sua primeira versão foi publicada em 1862, na França, e, hoje, a obra é considerada um grande clássico da literatura mundial.

"Muito além do jardim", de Hal Ashby

O filme narra a história de um jardineiro chamado Chance, que não sabe ler ou escrever e não possui carteira de identidade. Ele passa todo o tempo livre que possui assistindo à televisão e só se comunica por meio das falas de filmes que viu. Entretanto, com a morte do patrão de Chance, a vida do jardineiro muda.

É importante salientar que, apesar de todas as mudanças acarretadas pela tecnologia, uma coisa não mudou: a necessidade que todo ser humano tem de **falar** e de **ser ouvido**. Mais do que uma vontade, relacionar-se por meio da voz, de olhares ou de gestos é uma **necessidade** de cada pessoa. Nesse contexto, saber ouvir e responder com educação e atenção é a **melhor ferramenta** do relacionamento interpessoal.

Dicas para uma boa comunicação

- Seja educado ao falar e também ao ouvir as pessoas.
- Pense antes de falar, escolhendo as palavras e expressões adequadas.
- Use palavras gentis e agradáveis. Nesse sentido, as famosas expressões mágicas são sempre bem-vindas: Obrigado, desculpe, por favor, com licença, volte sempre etc.
- Não faça caretas enquanto se comunica.
- Receba bem os clientes, considerando as sugestões que eles derem.
- Esteja disposto a solucionar os problemas que surgirem.
- Use um tom de voz agradável.
- Em situações difíceis, mantenha a calma.
- Nunca trate o cliente como um "camarada", e sim como alguém que merece respeito.
- Sempre dê informações corretas e completas.

Para saber mais sobre **comunicação**, acesse o *site* abaixo:
<http://www.youtube.com/watch?v=4zEZcWlbeWM>.

Se você quiser treinar o português e melhorar o seu vocabulário, acesse este game que instrui sobre as novas regras ortográficas e divirta-se:
<http://www.fmu.br/game/home.asp>.

Ética no trabalho interpessoal

Ética é uma daquelas palavras que todos conhecem, mas explicá-la não é tão fácil como parece. Mais difícil ainda é determinar o que seria um **profissional ético**.

Consideramos que a ética diz respeito a **manter relações justas e aceitáveis**. Outro conceito relacionado à ética é a **moral**, que é um conjunto de **regras de conduta** que definem as **condições** para os atos considerados livres.

Vale ressaltar que, segundo a Organização das Nações Unidas (ONU), os valores mencionados na definição de ética são:

Amor: Trata-se de um sentimento, de um princípio que cria e sustenta as relações humanas.

Cooperação: Acontece quando direcionamos energia e força positiva para o trabalho interpessoal. O respeito mútuo é a base para a cooperação.

Honestidade: Ser honesto é agir de acordo com o que falamos, sem contradições entre palavras e ações.

Humildade: Ser humilde é escutar e aceitar a opinião de outra pessoa quando ela está com a razão.

Liberdade: Ter liberdade é o sonho de todo ser humano, mas é preciso lembrar que a sua liberdade acaba onde começa a do outro. Por isso, a consciência humana é um fator essencial para que a liberdade se torne realidade.

Paz: Sentimento que está relacionado ao poder da verdade e das atitudes corretas.

Respeito: Está relacionado ao autoconhecimento, ou seja, ao ato de reconhecer o seu próprio valor e o dos outros. Antes de tudo, devemos respeitar a nós mesmos, conhecendo as nossas limitações.

Responsabilidade: Diz respeito ao ato de nos mantermos fiéis à(s) meta(s) estipulada(s).

Simplicidade: É a ausência de complicações. Envolve a liberdade de pensarmos e agirmos de forma descomplicada.

Tolerância: É a capacidade de adaptação do indivíduo ao meio em que vive e trabalha, considerando as diferenças entre os seres humanos.

Unidade: Refere-se à harmonia entre os membros de uma equipe. Só é alcançada quando reconhecemos a importância do outro na realização de uma tarefa.

Depois de analisarmos os princípios éticos, podemos afirmar, de maneira simplificada, que um profissional ético é aquele que **evita bate-papos e brincadeiras fora de hora, não dá ouvidos nem faz fofoquinhas**, respeita os clientes e os colegas de trabalho, está sempre **disposto a ajudar** e, principalmente, possui um **comportamento discreto**.

Todas essas qualidades podem ser desenvolvidas e aperfeiçoadas com **determinação**. É justamente o que você está fazendo agora com a ajuda deste livro! Estudar os assuntos relacionados à sua área de atuação é a melhor maneira de se desenvolver.

Abastecendo o seu repertório

"Contato", de Robert Zemeckis.

Para quem gosta de filmes de ficção científica, *Contato* é uma boa pedida. O filme, além de abordar pesquisas científicas, trata do conflito entre os valores éticos vividos pela personagem Ellie (Jodie Foster).

Abastecendo a sua imaginação

Juliano é um frentista com muita experiência. Ele atende aos clientes com rapidez, sabe manusear corretamente os equipamentos do posto em que trabalha e conhece todos os combustíveis e lubrificantes. Porém, Juliano tem o péssimo hábito de falar mal de seus colegas de trabalho pelas costas e de fazer brincadeiras sem graça a todo momento.

Você considera Juliano um bom frentista? Por quê?

Que princípios éticos não estão sendo incorporados por Juliano?

Se você fosse o dono do posto onde Juliano trabalha, que atitude tomaria com relação a ele? Por quê?

Trabalho em equipe

Nos princípios éticos vistos anteriormente, a *unidade* e a *cooperação* estavam relacionadas diretamente ao *trabalho em equipe*. Uma equipe se caracteriza pela *união de pessoas com o mesmo objetivo*. Dentro de um posto, todos os frentistas têm o mesmo objetivo: atender ao cliente com *excelência e atingir a realização profissional*. Afinal, como prevê a legislação da categoria, a jornada de trabalho semanal do frentista é de 44 horas, e isso representa mais de sete horas diárias, seis dias por semana, convivendo com os colegas de trabalho.

Todos nós possuímos características que nos diferenciam das outras pessoas na maneira de pensar, de agir ou de ver o mundo. Vale salientar que são essas diferenças que nos tornam singulares, únicos. Quando indivíduos diferentes trabalham juntos e, portanto, convivem, é comum que haja **tensões**. Entretanto, isso não pode atrapalhar o **desenvolvimento do trabalho**.

Voltemos à comparação que fizemos do posto de combustível com o time de futebol. Os jogadores de um mesmo time treinam juntos, permanecem concentrados no mesmo local antes das partidas e trabalham em **equipe**, certo? Apesar de possuírem características diferentes, esses jogadores procuram deixar suas diferenças fora do campo, pois, se as tensões pessoais invadissem as partidas, certamente o resultado dos jogos seria **desfavorável** para o time em questão.

Da mesma maneira que os jogadores de futebol, os frentistas precisam entender que as **tensões da convivência não podem influenciar as atividades diárias do posto**, afinal, os estabelecimentos que conseguem conquistar seus clientes e mantê-los fiéis se apoiam no **trabalho em equipe**.

importante!

Só podemos considerar uma equipe de trabalho aquela cujos objetivos e resultados esperados não diferem de pessoa para pessoa.

Para ajudar na união das pessoas do grupo, existe o **líder** – ou chefe. Essa pessoa é quem **organiza e determina as atividades dos integrantes da equipe**, de modo que cada um **contribua com o seu melhor** para atingir os resultados esperados pela empresa.

É preciso lembrar que trabalho em equipe não significa necessariamente trabalhar "**lado a lado**". Cada pessoa precisa desenvolver bem a sua função, de modo que outros integrantes possam desenvolver melhor ainda as suas respectivas atividades. Um artilheiro não tem a função de lateral, porém, se o lateral não desempenhar bem o seu papel, o artilheiro não poderá fazer gols. Ficou mais claro agora, não é mesmo?

Abastecendo o seu repertório

Você conhece a história do jogador de futebol que sonhava em ser bombeiro? Acesse o *link* e confira: <http://esportes.r7.com/videos/conheca-a-historia-do-jogador-de-futebol-que-queria-ser-bombeiro/idmedia/f0d6862a30ecc-0c111454253ea79f05d-1.html>. Depois de assistir ao vídeo, reflita um pouco sobre a importância do trabalho em equipe na profissão de bombeiro.

Panthermedia

Técnicas de atendimento

Você pode achar que um cliente entra em um posto de combustível procurando apenas produtos e serviços, mas ele não busca apenas isso. O consumidor também quer **atenção**. Ele quer ser **bem tratado** e *sentir-se satisfeito* por ter escolhido o posto em questão para abastecer seu veículo.

Para atender bem, é preciso entender o funcionamento de nosso cérebro, que trabalha com **associação de imagens**. Quer saber como isso funciona? Faça o seguinte, então: nesse momento, não pense em **morangos**!

Assim que leu isso, em que você pensou? Em morangos, certo? Apesar dessa atividade mental parecer estranha, tem tudo a ver com o assunto que estamos abordando.

Uma atitude simpática, um sorriso e uma pitada de atenção farão o cliente sentir-se **satisfeito** toda vez que precisar abastecer seu veículo, pois ele já terá **associado a imagem do posto a um local agradável**, com pessoas **simpáticas**. No entanto, **basta uma atitude negativa para que essa imagem mude**. Para ver melhor como isso funciona, faça a seguinte experiência:

Abastecendo a sua imaginação

1. **Pegue um jogo de dominó;**

2. **Coloque todas as peças em pé, uma em frente a outra, com um espaço de cerca de três centímetros entre elas;**

3. **Crie um caminho criativo com as peças, imaginando que cada uma delas representa uma atitude positiva que o cliente percebeu no posto de combustível;**

4. **Depois que o caminho estiver pronto, derrube apenas a primeira peça, julgando que ela é uma atitude negativa verificada pelo cliente. Veja o que acontece!**

Agora fica fácil entender como as atitudes do frentista influenciam o cliente. Se ele for bem ou mal atendido, contará a experiência para um amigo, que, por sua vez, contará para outro amigo, e assim sucessivamente. Dessa forma, a opinião de terceiros poderá ajudar a **construir** ou a **destruir a imagem do posto**!

Dicas para um bom atendimento

Recepcione bem os clientes. Toda vez que um cliente chegar ao posto, ele deve se sentir importante. Para que isso aconteça, é preciso atender às necessidades dele, demonstrando interesse real pelas condições de seu veículo e por seu estado emocional.

Tenha consciência de que o cliente é um ser humano. Trabalhar com as pessoas é complicado. Vejamos duas situações bastante comuns em postos de combustível: Alguns clientes gostam que o frentista fique ao lado do veículo durante o abastecimento. Já outros não se importam se o frentista fizer o abastecimento de outro veículo ao mesmo tempo. Além disso, é possível que um cliente muito simpático possa estar passando por algum tipo de dificuldade e, por isso, seu comportamento esteja diferente. Viu só como o ser humano é complexo? Para ser um bom profissional, você precisa saber como agir em situações como essas.

Tenha sempre uma atitude positiva. Pessoas pessimistas e com astral baixo não são agradáveis. Por isso, cultive bons pensamentos e sentimentos. Durante o atendimento, é preciso **deixar de lado os problemas!**

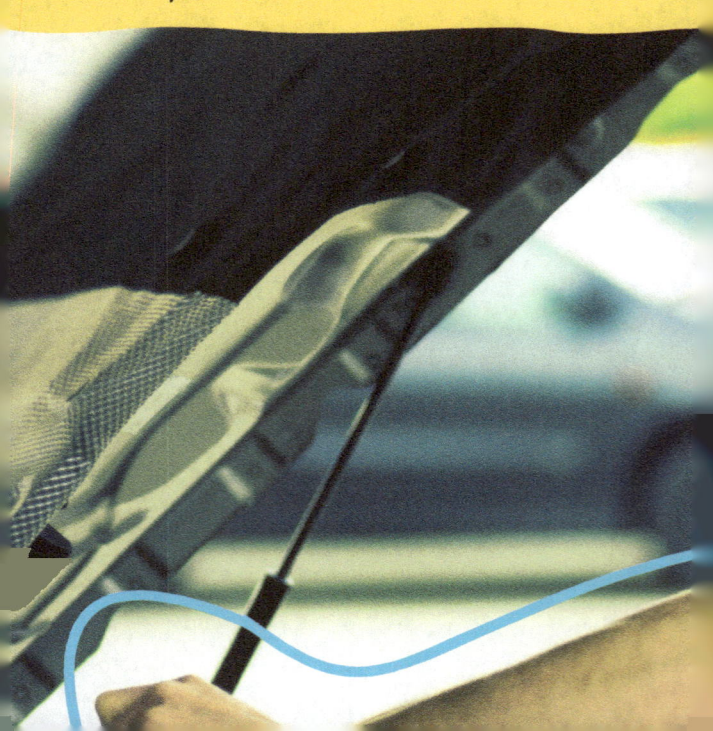

Considerando as dicas anteriores, é possível mencionarmos outros "mace--tes" para que você tenha sucesso no atendimento aos clientes:

- Faça sempre a seguinte pergunta ao cliente: 'Como posso ajudá-lo?
- Sempre que ele estiver buscando uma informação ou outro profissional, faça o possível para que consiga o que quer.
- Coloque-se sempre no lugar do cliente.
- Quando o cliente estiver exaltado, mantenha a calma.
- Sempre agradeça a preferência.
- Se o cliente frequenta a loja regularmente, procure descobrir o seu nome para que a relação fique mais pessoal.
- Seja sempre educado e cortês.

Lembre-se:

Essas dicas valem também para o tratamento aos colegas de trabalho. *Fazer com que o ambiente seja o mais agradável possível também é um dever seu.* Sempre trate os outros como você gostaria de ser tratado!

O que é autosserviço?

Atualmente, nos Estados Unidos e na Europa o sistema mais utilizado nos postos de combustível é o **autosserviço**, que surgiu nos EUA depois da **Grande Depressão**, em 1929. A partir desse período, a sociedade americana perdeu suas riquezas, vivenciando uma **grande queda** em seu **poder aquisitivo**.

Devido a essa crise financeira que abalou o país e teve reflexos no mundo inteiro, o comércio teve a necessidade de inventar uma maneira de **reduzir custos** para vender os produtos a **preços mais acessíveis**.

> Crise financeira e econômica provocada pela quebra da Bolsa de Valores de Nova York. Durou quase uma década e teve implicações no mundo todo.

A solução encontrada foi criar um sistema onde não fosse necessário contratar vendedores ou balconistas. Trata-se do autosserviço, sobre o qual já comentamos.

Por meio dele, o cliente entra no estabelecimento comercial, escolhe **sozinho** os produtos que deseja e dirige-se ao caixa para efetuar o pagamento. Com esse sistema, o comerciante **reduz seus custos**, pois o número de funcionários é **menor**.

O modelo obteve tanto sucesso que, hoje, é possível encontrar diversos segmentos do comércio que o adotaram, como restaurantes, locadoras e postos de combustível.

Veja, a seguir, o exemplo de um posto de combustível. Isto sim é autosserviço, não é mesmo?

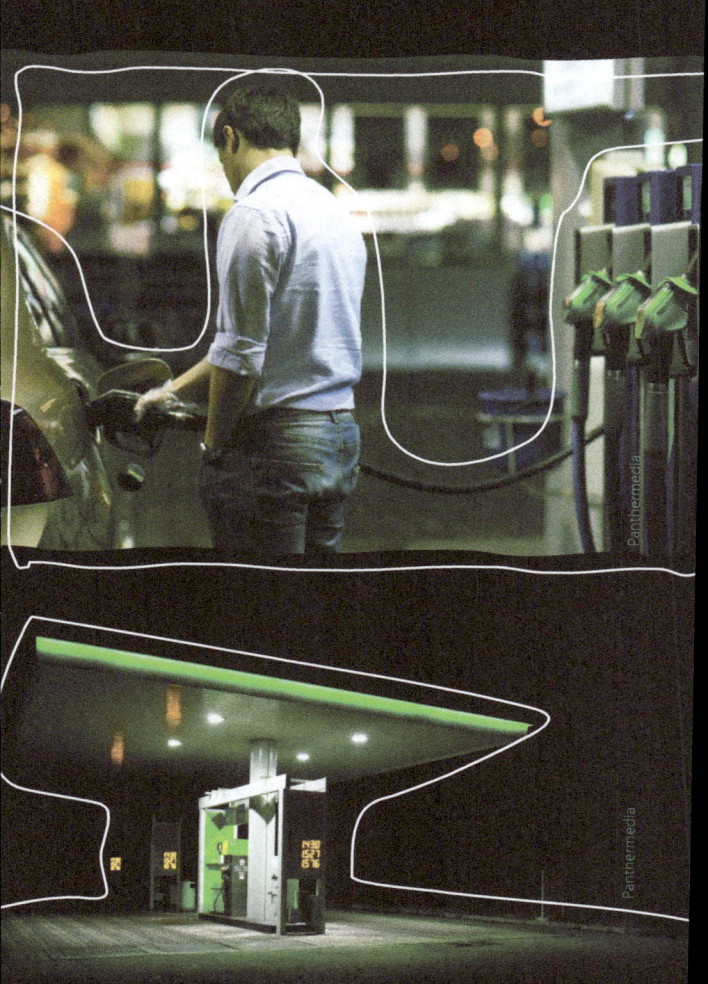

O autosserviço em outros setores

No Brasil, o autosserviço funciona bem em restaurantes, supermercados e em algumas lojas. Quando os postos de combustível tentaram implantar o sistema, ele fracassou. Você imagina por quê?

Um **relacionamento interpessoal mais próximo** faz parte da cultura do nosso país. A maioria dos brasileiros gosta de parar no posto e comentar sobre futebol, novela, as últimas notícias, ou seja, jogar um pouco de "conversa fora". É por isso que a profissão de frentista é tão importante no Brasil!

Abastecendo o seu repertório

Para que você saiba mais sobre **atendimento ao cliente**, seguem algumas dicas de leitura:

BRUCE, A.; LANGDON, K. *Como priorizar os clientes*. São Paulo: Publifolha, 2005.

GERSON, R. F. *A excelência no atendimento a clientes*: mantendo seus clientes por toda a vida. Rio de Janeiro: Qualitymark, 1999.

PERFORMANCE RESEARCH ASSOCIATES. *Atendimento nota 10*. Rio de Janeiro: Sextante, 2002.

Abastecendo os seus conhecimentos

O serviço de atendimento ao público em um posto de combustível depende basicamente de *três variáveis*. Quais são elas?

De acordo com a o conceito de *frentista* da Fecombustíveis (2011), quais são as principais atividades desse profissional?

Quais são as principais habilidades que um frentista deve possuir para desempenhar bem essa função?

O que é preciso para estabelecer uma boa comunicação tanto com os clientes quanto com os colegas no ambiente de trabalho?

O que significa *trabalhar em equipe*?

O que é necessário para se prestar um bom atendimento ao cliente?

As atividades diárias do frentista

Agora que já falamos um pouco sobre as habilidades humanas que o frentista necessita no dia a dia da profissão, conversaremos sobre as **habilidades técnicas**, ou seja, as questões mais específicas envolvendo o **abastecimento de veículos**.

Começaremos conhecendo o principal equipamento de trabalho do frentista: a **bomba de combustível**.

Panthermedia

3

3
87

A imagem ao lado mostra uma bomba **tripla** com três **bicos de abastecimento**, que são os gatilhos **vermelho, amarelo e azul** presos à mangueira de combustível e acomodados em seus consoles.

Raphael Bernadelli

Também existem bombas quádruplas. Dependendo do tamanho do posto e do movimento diário de clientes, essas bombas podem variar quanto ao número de bicos de abastecimento, porém o funcionamento delas é semelhante.

Embora possua vários bicos de abastecimento, uma bomba só pode abastecer um veículo de cada vez. Isso se deve pelo painel digital amarelo que pode ser observado na imagem anterior. É ele que mede a quantidade de combustível que é enviada para o carro e calcula o valor a ser pago pelo cliente. Vale lembrar que existem bombas que possuem **dois painéis** – um para cada bico. Por meio desses aparelhos, é plenamente possível abastecer dois veículos ao mesmo tempo.

Assim que o frentista começa o seu turno de trabalho, a primeira atividade técnica é **verificar as bombas de combustível e seus bicos** para ver se eles estão em perfeitas condições.

Os danos mais comuns acontecem no **engate da mangueira de combustível com o gatilho do bico de abastecimento**, conforme você pode ver na parte destacada na imagem a seguir.

Murilo Kleine

Esses danos acontecem devido ao **manuseio constante do equipamento**. Quando a mangueira se rompe, começa o vazamento de combustível perto da rosca, e, caso o problema não seja solucionado **rapidamente**, o **risco de incêndio é grande**. Além disso, os clientes acabarão pagando por um combustível que foi jogado fora e, certamente, se sentirão **lesados**.

> **Lembre-se:** Os clientes sabem quanto combustível seus respectivos veículos costumam consumir normalmente.

Outra parte da mangueira de combustível em que, geralmente, ocorrem danos é a **superior**, onde a mangueira fica engatada no teto da bomba.

Importante!

Segundo a legislação vigente, não é possível simplesmente consertar a mangueira de combustível. É preciso trocá-la completamente.

Normalmente, os danos no bico de abastecimento acontecem na **mola do gatilho**, e podem ser causados, entre outros fatores, pelo **manuseio constante**. Outra situação que pode ocorrer, por descuido do frentista, é um veículo passar por cima da ponta metálica do bico quando este estiver no chão, sendo que deveria estar em seu console, na bomba.

Um dano que acontece com frequência nos postos de combustível resulta do fato de o cliente ligar o carro e sair antes que o abastecimento tenha sido finalizado e o bico de abastecimento seja retirado do tanque do veículo. Essa ação pode danificar várias partes da bomba.

Para que você tenha uma ideia do quanto isso é comum, já foi até criado um dispositivo para evitar esse "acidente". Trata-se do **engate rápido**, que é colocado no teto da bomba, prendendo a mangueira de combustível. Quando o cliente, por descuido, move o carro sem que o bico tenha sido retirado do tanque de combustível, esse engate se solta rapidamente do teto da bomba, evitando um dano maior ao equipamento.

Depois que o cliente entra no posto e é recepcionado por meio de **sinais**, que indicam que determinada bomba está disponível, é hora de perguntar que **tipo de combustível** pode ser utilizado pelo veículo (álcool, gasolina, gasolina aditivada, diesel, biodiesel ou diesel aditivado). Os combustíveis disponíveis hoje no mercado estão detalhados a seguir.

Gasolina comum

A gasolina comum é um produto originado do **refino de petróleo**. Para ser vendida nos postos de combustível, ela é misturada com até **20% de álcool**, dependendo da lei vigente no local.

Abastecendo o seu repertório

Se você deseja saber em que consiste o refino de petróleo, acesse o seguinte *link*: <http//ciencia.hsw.uol.com.br/refino-de-petroleo.htm>.

Além disso, também é interessante dar uma olhada nos seguintes vídeos:

<videos.hsw.uol.com.br/refino-de-petroleo-video.htm.>

<http://www.youtube.com/watch?v=H_1TnCb0Gp8&feature=related>.

Gasolina aditivada

A gasolina aditivada é a gasolina comum misturada com aditivos, lubrificantes, dispersantes, anticorrosivos e outros componentes, de acordo com a fórmula desenvolvida pela distribuidora em questão. Ela tem como objetivo principal **melhorar o desempenho do veículo**, limpando, conservando e diminuindo o atrito entre as partes do motor.

Diesel

O diesel é um combustível obtido do **refino do petróleo**, com a diferença de que ele é mais **oleoso** do que a gasolina. Se você acessou aos *links* sugeridos anteriormente, sabe exatamente em que etapa do refinamento do petróleo ele é gerado!

Álcool

No Brasil, o álcool é originado da **cana-de-açúcar**. Ele é considerado **renovável**, pois, a partir de novas plantações, é possível produzir mais combustível. É importante mencionar que o álcool é um combustível **menos poluente**, já que grande parte dos gases emitidos pelo escapamento dos veículos que o utilizam é reabsorvida pelas plantas durante o processo de alimentação (fotossíntese). Uma curiosidade: nos Estados Unidos, o milho é utilizado como base para a produção do álcool.

Abastecendo o seu repertório

Para saber mais sobre a produção do álcool, acesse:
<http://carros.hsw.uol.com.br/programa-alcool-brasil2.htm>.

Para saber como funcionam os motores *flex*, acesse os vídeos a seguir:
<http://videos.hsw.uol.com.br/motor-flex-1-video.htm>.

<http://videos.hsw.uol.com.br/motor-flex-2-video.htm>.

Biodiesel

Assim como o álcool, o biodiesel é produzido a partir de **gordura vegetal**. Esse óleo pode ser extraído da soja, do girassol, do dendê, da castanha, da mamona e de outros vegetais. Atualmente, já existem pesquisas para o desenvolvimento de biodiesel por meio da **gordura animal**, aproveitando-se matérias primas desperdiçadas, como o resto de gordura gerado nos matadouros. O biodiesel é **menos poluente** que os outros combustíveis, pois os gases emitidos têm menores índices de gás carbônico e de enxofre.

Diesel aditivado

Assim como a gasolina aditivada, o óleo diesel aditivado é composto pelo diesel comum, acrescido de aditivos, lubrificantes, dispersantes, anticorrosivos e outros componentes. A adição desse produto **melhora o desempenho do veículo**, limpando, conservando e diminuindo o atrito entre as partes do motor.

Abastecendo os seus conhecimentos

Imagine que você está abastecendo um veículo e, antes que consiga retirar o bico de abastecimento do tanque do carro, o cliente liga o veículo e se dirige até a rua, causando um sério dano à bomba de combustível.

O que você faria nessa situação? Como você abordaria o cliente no momento em que ele parasse o carro e percebesse o que fez?

Operação-padrão de abastecimento

Se você acha que o abastecimento de um veículo pode ser feito de qualquer maneira, está enganado! Essa ação é regulamentada e padronizada pelas NBRs 15594-1 (parte 1) e 15594-3 (parte 3) da Associação Brasileira de Normas Técnicas (ABNT).

Segundo essas normas, os procedimentos padrão e obrigatórios para o abastecimento são:

1. Antes de iniciar o fornecimento de combustível a um veículo, certifique-se de que a bomba está zerada.

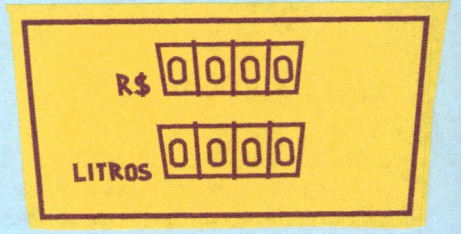

2. Abra o tanque de combustível do veículo com a chave que o cliente fornecer e verifique se a borracha que faz a vedação está em bom estado de conservação. Vale citar que, nos carros mais novos, é comum o motorista abrir o tanque de combustível por meio de um mecanismo que está localizado dentro do carro, sem entregar a chave ao frentista.

3. Coloque o bico de abastecimento na "boca" do tanque de combustível, tendo o cuidado de colocar um pano entre a lataria e o gatilho para não riscar o carro. Além disso, com essa medida, o combustível que, eventualmente, vazar, não escorrerá pela lataria.

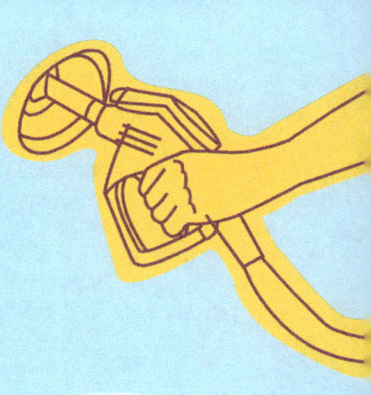

4. Acione manualmente o teclado da bomba de combustível, nunca utilizando canetas ou outros objetos. A imagem a seguir mostra o painel da bomba e o seu respectivo teclado.

Perceba que os números são como os de um celular, por isso devem ser acionados **com os dedos**. Além disso, podemos ver claramente que o painel da bomba mostra o total a ser pago em R$, a quantidade de litros que foi colocada no tanque de combustível do veículo e o preço cobrado por litro utilizado. A apresentação desses dados no painel é **obrigatória**, pois, assim, o cliente poderá conferir o que estará consumindo e quanto deverá pagar.

Observe que, abaixo dos números, existem **dois símbolos**, que são utilizados no caso de o cliente escolher depositar uma **quantidade preestabelecida de combustível** ou pagar uma **determinada quantia em dinheiro**, fazendo com que o tanque não seja inteiramente enchido. Por exemplo: Digamos que o consumidor entra no posto e pede para que você coloque apenas **R$ 50 de combustível**, ou então, apenas **30 litros**. Para evitar erros, o frentista precisa **programar a bomba** com os dados que o cliente informou.

Como a programação das bombas de combustível pode variar conforme as marcas disponíveis no mercado, não iremos explicar como ocorre esse processo. Mesmo assim, não se preocupe. Com certeza, essa será uma das primeiras orientações que você receberá em seu primeiro dia de trabalho no posto!

5. Acione o gatilho para que o abastecimento seja iniciado. Durante esse processo, a mangueira deve permanecer **estendida**, evitando que pequenos laços se formem. Além disso, ela **não pode estar transpassada** por baixo do veículo.

6. A alavanca, que serve para iniciar o processo de envio do combustível para o tanque do veículo, deve ser **acionada manualmente**, sendo que o bico de abastecimento e outros objetos nunca devem ser utilizados para esse fim.

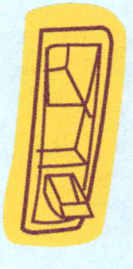

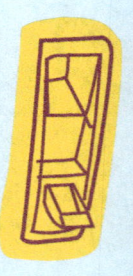

Importante!

Durante todo o período de abastecimento do veículo, o bico e o bocal do tanque do carro devem permanecer em *contato direto*.

Caso o bico de abastecimento seja automático (o gatilho dispara sozinho quando o tanque do veículo está cheio), o frentista pode realizar outras tarefas ao mesmo tempo, como verificar os elementos da frente do carro que está sendo abastecido, fazer a lavagem dos vidros ou preparar outro veículo para ser abastecido em uma nova bomba. Vale lembrar que, em casos de bicos que não sejam automáticos ou estejam com defeito, é expressamente *proibido* utilizar qualquer tipo de objeto (como tampas de caneta ou outras ferramentas) para travar o gatilho.

Durante o abastecimento, o motor do carro deve estar *desligado*, e *não é permitido fumar* durante o procedimento. Caso o cliente seja fumante, peça, gentilmente, que ele fume fora da pista. Não esqueça de explicar que o risco de ocorrer uma explosão e incêndio no posto, caso ele desobedeça a essa orientação, é grande.

O frentista deve interromper imediatamente o abastecimento caso ocorram *derramamentos*. Se isso acontecer, inicie rapidamente a limpeza do produto derramado.

Você sabia?

A bomba "sabe" que o tanque do carro está completo devido a um *pequeno sensor* que está localizado na *ponta do bico*. Trata-se da *peça cinza* que você vê dentro do bico, na imagem a seguir. O sensor é preso ao cano metálico pelo orifício que está na terceira imagem.

Como você pode ver, atrás do referido sensor há um *cano*, cuja função é retirar o ar que está dentro do tanque do veículo. Enquanto esse tanque está com pouco combustível (e, consequentemente, cheio de ar), o cano suga o ar do tanque e o envia para outro orifício, que fica no gatilho do bico. Forma-se, então, o que chamamos de *vácuo*, que ajuda a sugar o combustível para dentro do tanque do carro.

Na imagem ao lado, você pode ver melhor o bico sem a ponta metálica. Perceba que existe um cano maior, por onde o combustível passa, e um menor, central, onde fica preso o cano que suga o ar.

Quando o tanque do carro enche, o combustível "encosta" no sensor que bloqueia o cano "sugador". Quando o vácuo acaba, um diafragma (a borracha preta que você vê nas imagens a seguir) e outros dispositivos mecânicos (o pino metálico, a arruela amarela e a mola) disparam o gatilho, bloqueando a entrada do combustível.

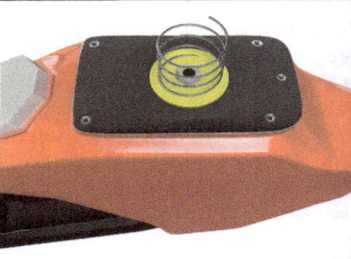

Veja, na próxima imagem, como é montado o cano de abastecimento que fica embaixo do diafragma.

Por meio das bolinhas metálicas da foto ao lado, o combustível é enviado de maneira uniforme para o tanque do veículo, facilitando, inclusive, a contagem da quantidade abastecida, feita pelo painel digital.

Vale lembrar que esse é um sistema exclusivamente *mecânico*.

Importante!

Um ponto que merece a atenção do frentista diz respeito a casos em que os motoristas desejam **transportar combustível em garrafas PET. Essa atitude é completamente errada.** O referido recipiente é **inadequado** para esse uso, pois pode ser **corroído** pelo combustível, causando sérios problemas para o cliente e para o meio ambiente.

Para transportar combustíveis, é necessário o uso de um recipiente apropriado, produzido especialmente para esse fim. Alguns deles são **metálicos,** inclusive. No caso de optar pelo uso de recipientes metálicos com capacidade **superior a 50 litros,** o frentista precisa tomar o cuidado de **escoar a eletricidade estática** gerada pelo procedimento referente ao enchimento de combustível. Outro cuidado a ser tomado é **nunca encher mais do que 95% do recipiente** para que, durante o transporte, não haja **vazamento.**

Abastecendo motos

Para o abastecimento de motos, é necessário obedecer a algumas determinações especiais:

- Não pode haver pessoas sentadas em cima do veículo durante o abastecimento.

- O bico de abastecimento deve estar em **contato direto** com o tanque da moto, sendo proibido o uso de funil ou de outro recipiente auxiliar.

- No momento da finalização do abastecimento, verifique se a tampa do tanque de combustível foi **fechada adequadamente.** Lembre-se: isso vale tanto para motos quanto para outros veículos!

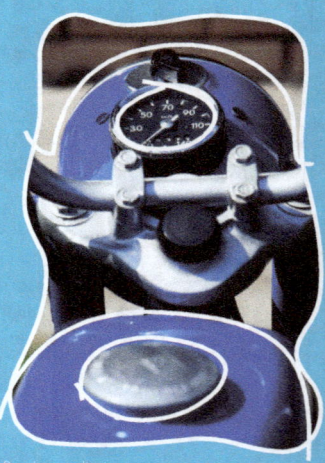

A rotina dos postos de combustível

Para prestar um bom serviço ao cliente, os postos adotam alguns **procedimentos básicos**. Vamos conhecê-los?

O recebimento de combustíveis

Para que haja a oferta de combustíveis no posto, é necessário comprar esses materiais em distribuidoras, certo? Vejamos como isso acontece.

Os combustíveis chegam aos postos em **caminhões-tanque**, que podem ter **até três compartimentos** – sendo um para cada tipo de combustível. O caminhão da imagem a seguir possui três compartimentos, existindo **três aberturas na parte superior do tanque**.

Assim que o caminhão-tanque chega ao posto, ele deve ser estacionado na área onde ficam os tanques de armazenamento de combustível, que são **subterrâneos** e feitos em **aço carbono**. A capacidade de armazenamento de cada um dos tanques pode chegar a **30 mil litros**. Além disso, é importante ressaltar que cada combustível tem um **tanque específico** para seu acondicionamento.

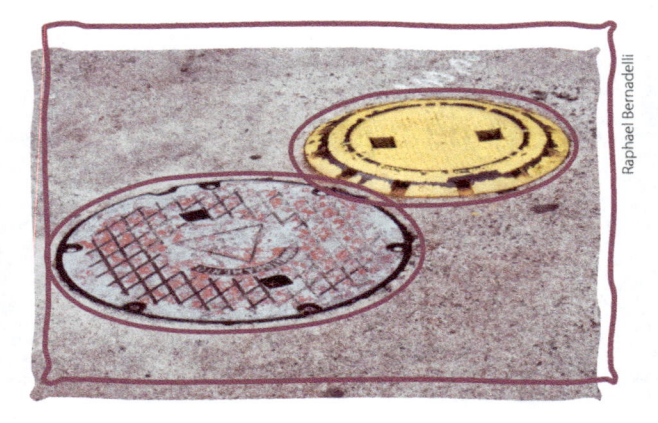

Na área onde estão localizados os tanques de armazenamento, há **tampas metálicas**, como você pode ver na imagem anterior.

Em seguida, o motorista do caminhão-tanque precisa dirigir-se até a pessoa responsável pelo recebimento das notas fiscais referentes aos combustíveis. Esse profissional deve verificar se as respectivas notas estão de acordo com o que foi solicitado à distribuidora. Além disso, ele precisa checar se o teste do combustível efetuado pela distribuidora acompanha os documentos.

Após a confirmação das quantidades e dos combustíveis, um dos frentistas do posto sobe no caminhão-tanque para verificar se o nível de combustível é igual ao descrito nas notas fiscais. Se estas estiverem corretas, o posto poderá refazer o teste do combustível antes do descarregamento para atestar a qualidade dos produtos. Por outro lado, se o nível de combustível no caminhão-tanque não estiver de acordo com as notas fiscais, o posto deverá **rejeitar a entrega** sem atestar a qualidade do combustível.

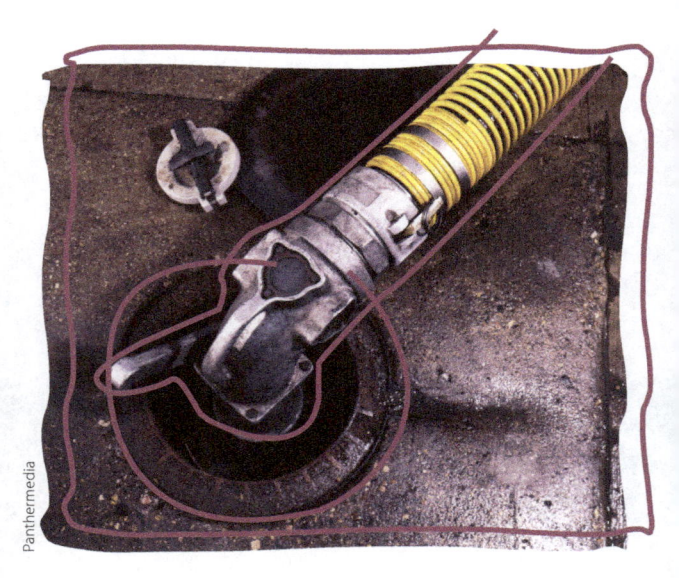

Estando tudo de acordo, inicia-se o processo de descarga do combustível. Durante essa fase, é preciso ter um cuidado especial com a **energia estática**. É por isso que existe um cabo de cobre – ligado a uma haste também de cobre, enterrada no solo do posto – que faz com que essa energia estática seja **descarregada**.

Finalizado o descarregamento do combustível, o caminhão-tanque deve ser colocado num aclive para que um determinado profissional verifique se todo o material foi retirado.

Um frentista de posto já chegou a **morrer** durante a **verificação do nível de combustível de um caminhão-tanque**. Isso aconteceu porque ele usou o celular enquanto estava em cima do veículo, provocando uma **explosão** seguida de **incêndio**.

Abastecendo o seu repertório

Acesse o *link* da reportagem que o Jornal Nacional produziu sobre o caso: <http://www.youtube.com/watch?v=cc5tKIH_BL8&feature=related>.

Teste de combustíveis

Segundo o artigo oitavo da Resolução nº 9 da Agência Nacional do Petróleo (ANP), de 07 de março de 2007, todos os postos são **obrigados a fazer a análise dos combustíveis sempre que for solicitada pelo cliente**. É interessante mencionar que os postos possuem uma **maleta especial** para realizar esse teste.

Nela encontram-se:

- Um tubo com capacidade de 1 litro chamado *proveta*;

- Uma proveta de 100 ml com boca e tampa esmerilhadas;

- Um densímetro para derivados de petróleo, com escala 0,700-0,750g/ml e 0,750-0,800g/ml;

- Um termômetro aprovado pelo Inmetro, com faixa de – 10C° a 50°C;

- Uma tabela de correção de densidades e volumes;

- Um reagente, que é uma solução aquosa de cloreto de sódio a 10% (100g de sal para cada litro de água).

Importante!

Quem realiza o teste de combustível é o **gerente do posto** ou o **chefe dos frentistas**, pois esse é um procedimento que requer **conhecimentos específicos**.

Para você, frentista, o que realmente importa é saber que, caso um cliente solicite o teste, o posto é **obrigado a realizá-lo**. Dessa forma, o que cabe a você fazer é **encaminhar o cliente até a pessoa responsável pelo teste**.

Aproveitando a deixa, veja a seguir quais são as **principais adulterações** nos combustíveis:

Gasolina: Adição de álcool ou de solventes proibidos que vai além das determinações legais.

Etanol (álcool): A maior incidência no álcool é de adição de água. Esta pode ocorrer devido a falhas no recebimento do combustível, devido a problemas nos tanques de armazenamento do posto ou simplesmente por má fé.

Diesel: A adulteração no óleo diesel acontece por meio da adição de produtos fora das especificações, como óleo vegetal, ou até mesmo água. Assim como no caso do álcool, a adulteração do diesel pode acontecer devido a problemas no tanque de armazenamento.

Quando o combustível está **adulterado, as principais reclamações** dos clientes são:

- Perda de potência do motor ou falhas.

- Aumento injustificado do consumo de combustível.

- Batida de pinos no motor (barulho de ferro solto dentro do motor).

- Cheiro forte de combustível.

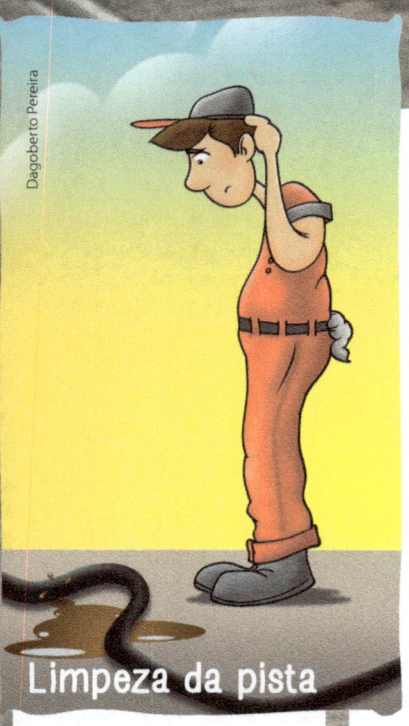

Limpeza da pista

Como forma de impedir que o óleo que se mistura com a água da lavagem **contamine o meio ambiente**, as pistas de abastecimento dos postos de combustível são, obrigatoriamente, **rodeadas por uma canaleta**. Através dessa canaleta, a água da lavagem é conduzida para um **sistema de filtragem** que **separa a água do óleo**, pois as leis ambientais proíbem que esse último item seja **descartado na rede de esgoto ou nas vias pluviais**.

A pista de abastecimento é um local sujeito a muitos tipos de **sujeiras** trazidas pelos carros e causadas pelo derramamento de combustível, fluidos, aditivos e graxas. Vale lembrar que o material que suja a pista é rico em **óleo**.

Saiba que **manter a pista de abastecimento limpa** é uma das **funções do frentista**. Por isso, é comum ver esse profissional jogando água e esfregando o chão. **A limpeza da pista deve ser feita, pelo menos, três vezes por dia**.

Além do óleo, é comum que os carros tenham pó, barro e folhas de árvore na lataria. Esses materiais, que também caem no chão do posto, podem **entupir as canaletas**. Por isso, durante a lavagem da pista, às vezes é necessário **desentupir as canaletas**.

você sabia?

Os locais de lavagem de veículos e de troca de óleo também possuem canaletas pelo mesmo motivo dos postos de combustível.

No sistema de separação da água e do óleo, existem, normalmente, **quatro caixas separadoras**. Como esses dois elementos **não se misturam**, depois de **três filtragens** a água pode ser **descartada** no sistema de esgoto. Caso isso não aconteça, a rede pluvial chegará à **caixa final** com o aspecto que você vê na imagem a seguir.

O óleo da filtragem é retirado das caixas de separação e armazenado em **tonéis especiais**. Regularmente, caminhões coletam esse óleo, juntamente com o que foi retirado de veículos durante o processo de troca, para o **correto descarte** ou **reaproveitamento**.

Depois de feita a limpeza da caixa, é preciso **registrar em uma planilha** quem realizou o trabalho e quando ele foi executado. Essa é uma **determinação legal**.

Além disso, é função do frentista **limpar os expositores de produtos** e as **geladeiras e freezers** que se encontram fora da loja de conveniência, bem como **retirar os sacos de lixo do posto** para o **descarte**.

Abastecendo o seu repertório

Luís Fernando Veríssimo escreveu um poema bastante interessante sobre como o lixo pode **unir as pessoas**. Para conferir o trabalho, acesse o *link* a seguir: <http://www.youtube.com/watch?v=a3qF8RuPB7g&feature=related>.

Troca de óleo

Durante a explicação sobre a operação padrão de abastecimento, comentamos que, no caso da existência de bicos de abastecimento automáticos, o frentista pode realizar outras tarefas ao mesmo tempo, como verificar a frente do carro que está sendo abastecido, entre outras. Uma dessas tarefas é **verificar o nível de** óleo **do motor**. É importante ressaltar que, durante essa verificação, o frentista precisa observar os **dados** que estão na **etiqueta de troca de óleo**, que, geralmente, está fixada na **parte interna do para-brisa** do veículo.

Ao abrir o capô do veículo, você pode observar que, perto do motor, está a **vareta de verificação do nível de óleo**. Ela possui um **revestimento amarelo**, como você pode ver na imagem a seguir.

O óleo serve para lubrificar as partes móveis do motor e fica "guardado" no bujão do Carter — uma peça metálica que está localizada embaixo do veículo.

Importante!

Para uma **correta verificação do óleo**, o ideal é que o carro fique **desligado por cinco minutos**. Em seguida, o óleo deve ser examinado em um **local plano**.

Para verificar o nível de óleo, **retire a vareta** e **limpe-a com um pano**. Em seguida, **introduza novamente** a vareta **inteira** no compartimento do motor e **puxe-a**. Nela, haverá a **indicação do nível máximo** (A) e **mínimo** (B) de óleo.

Importante!

É válido frisar que a vareta de óleo precisa ser colocada **inteira** no motor, até que se encaixe completamente. Essa medida é necessária para que a **leitura do nível de óleo** do motor seja feita da **maneira adequada**.

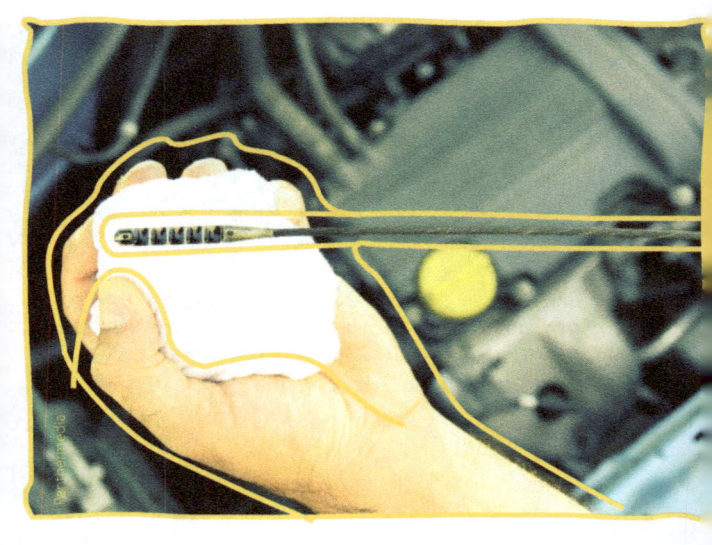

O nível do óleo de motor estará **correto** quando você retirar a vareta e **observar a marca de óleo entre os níveis mínimo e máximo**, como indica a imagem anterior.

Caso o nível de óleo esteja muito próximo ao **mínimo**, o frentista terá de observar a etiqueta para verificar a **data da última troca** de óleo e a **quilometragem atual do veículo**.

Caso ainda não esteja na hora de efetuar a troca de óleo, será necessário **completá-lo**. Para isso, é preciso saber **que tipo de óleo foi usado na última troca**, pois, caso sejam misturados dois tipos diferentes desse item, será produzida uma **graxa** ou **borra** que, por sua vez, **danificará o motor**. A indicação do óleo utilizado na última troca também deve estar na etiqueta do para-brisa. Caso essa informação não esteja indicada, você precisará **consultar o manual do veículo** para ficar por dentro do tipo de óleo recomendado pelo fabricante.

Tipos de óleo de motor:

Óleo mineral: É obtido a partir do refino e da destilação do petróleo, ou seja, de fonte natural. É o tipo mais comum e mais barato, podendo ser utilizado em todos os motores de veículos. A troca do óleo mineral deve ser feita a cada três mil quilômetros, pois, com o tempo, ele se carboniza.

Óleo semissintético: Caracteriza-se por ser uma mistura de óleo sintético com óleo mineral, feita pelos fabricantes na medida certa para o uso. Todos os veículos podem utilizá-lo, pois ele ajuda a diminuir o atrito entre as peças do motor. A troca desse tipo de óleo deve acontecer de acordo com as especificações do fabricante.

Óleo sintético: É produzido a partir de reações químicas nos laboratórios das indústrias petrolíferas. Vale ressaltar que esse é o óleo mais caro do mercado, justamente porque é o mais completo. Ele ajuda a ampliar a vida útil do motor, proporcionando um desempenho e uma lubrificação mais eficientes do que os dois tipos de óleo anteriores. Normalmente, o óleo sintético é trocado a cada quinze ou vinte mil quilômetros.

Abastecendo o seu repertório

Para saber mais sobre os óleos de motor, acesse o seguinte vídeo: <http://www.youtube.com/watch?v=FRvU5ql1wMM&feature=relmfu>.

Além do tipo de óleo utilizado, é preciso verificar também a **especificação**, ou seja, os números que se encontram entre a letra W (do inglês, *winter*, que significa "inverno") no rótulo do óleo – como 5W30, 20W50, 15W40 etc. Esses números indicam a **viscosidade do óleo**, que, por sua vez, diz respeito à capacidade que um líquido tem de escorrer. Por exemplo: a água é menos viscosa que o óleo.

O primeiro número, que fica **antes do W**, indica a viscosidade do óleo em **baixas temperaturas**, ou seja, com o **motor frio**. Já o número que fica **depois do W** revela a viscosidade do óleo **acima de 100 graus**, com o **motor quente**. Por isso, o ideal é que o primeiro número seja **o menor possível**, e o segundo, o **maior possível**.

Importante!

Tome cuidado na hora de fazer a **leitura do óleo**, pois, caso ela seja feita de forma incorreta – e o nível do óleo de motor fique **acima do máximo** – **o motor do veículo será danificado**.

Cuidados durante a troca de óleo

Outro detalhe a que o frentista precisa estar atento envolve o **tempo da última troca de óleo**. Os fabricantes de veículos e de óleos de motor recomendam que essa troca seja efetuada a **cada cinco** ou **dez mil quilômetros** (dependendo do tipo de óleo utilizado) ou a **cada seis meses**.

Alguns carros são utilizados apenas dentro de grandes cidades. Consequentemente, a quilometragem rodada acaba sendo **baixa**. Porém, esses veículos exigem muito de seus motores, pois os congestionamentos, as baixas velocidades (inferiores a 10 Km/h) e as paradas constantes provocam um maior desgaste dos elementos que compõem esses motores. Sendo assim, os veículos em questão precisam efetuar trocas de óleo a **cada seis meses**. Caso contrário, o óleo formará uma borra dentro do motor, aumentando o **atrito** entre as peças e podendo, inclusive, **fundi-lo**.

Se o frentista observar que o nível do óleo está correto, ele deverá perguntar ao cliente se não está na hora de trocar o óleo. Muitos motoristas não prestam a devida atenção na etiqueta de óleo e, por isso, **perdem o prazo da troca**.

Ao verificar que está na hora de trocar o óleo do motor do veículo, o frentista precisa avisar o cliente e indicar a necessidade desse serviço. Nos postos, quem efetua a troca de óleo é um frentista **especializado no serviço**.

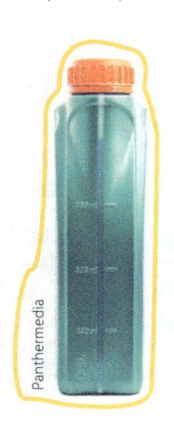

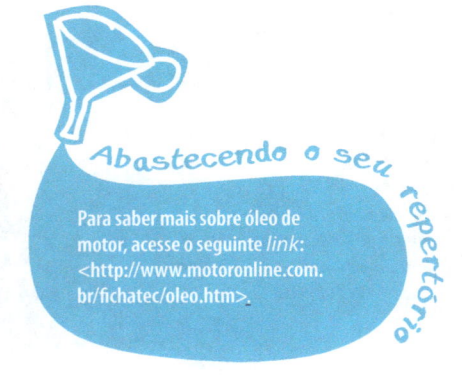

Abastecendo o seu repertório

Para saber mais sobre óleo de motor, acesse o seguinte *link*: <http://www.motoronline.com.br/fichatec/oleo.htm>.

A troca de óleo é feita da seguinte forma:

Antes da descrição dos passos a serem seguidos, é importante mencionarmos que o bujão do Carter, local onde o óleo fica localizado dentro do veículo, possui um parafuso e uma arruela de vedação que precisam ser retirados antes do processo de troca. Por isso, as substituições de óleo sempre começam com o **carro em cima de um elevador**.

Importante!

Cada veículo e motor exigem uma quantidade diferente de óleo. Por isso, não tente **adivinhar** a quantidade certa. Busque, no **manual do carro**, as especificações do fabricante antes de iniciar o serviço. Além disso, lembre-se de anotar em uma **etiqueta específica** a data da troca de óleo, a quilometragem do veículo, o tipo de óleo utilizado e a especificação deste. Ao indicar a troca de óleo ao cliente, você estará fazendo o que chamamos de **venda casada**, ou seja, o cliente entrará no posto para abastecer e acabará adquirindo também óleo para o motor do veículo.

Dagoberto Pereira

A troca de óleo passo a passo:

1. Depois que o parafuso e a arruela são retirados do bujão do Carter, todo o óleo do motor é *esgotado para um coletor de óleo queimado* que o frentista posiciona embaixo do veículo. É preciso esperar pelo menos **5 *minutos*** para que todo o óleo antigo escorra.

É recomendado que o filtro de óleo, que fica localizado próximo ao bujão, seja trocado pelo menos a cada ***dez mil quilômetros***. Quando o cliente decide mudar o tipo de óleo usado no veículo, é ***obrigatória** a **troca do filtro***. Vale salientar que cada veículo possui um modelo próprio de filtro de óleo.

2. Depois que o óleo velho foi ***drenado***, basta recolocar o parafuso do bujão do Carter – sempre com uma ***arruela de vedação nova***. Isso porque essa peça é feita de um metal mole, que acaba se deformando quando é pressionado. Caso a arruela antiga seja colocada novamente no bujão do Carter, possivelmente haverá um ***vazamento de óleo*** no veículo.

3. Após o fechamento do bujão do Carter, é hora de ***remover o coletor de óleo queimado*** e retirar o carro do elevador, pois o óleo novo é colocado na parte de cima do motor, em um local próximo à vareta de medição do óleo. O símbolo que indica o local onde o óleo do motor deve ser colocado é o seguinte:

Outros produtos, como aditivos para óleo de motor e combustível, fluido de freio, líquido de arrefecimento (para os radiadores), palhetas de limpador de para-brisa e extintores de incêndio, bem como os demais itens oferecidos nos postos, também podem ser vendidos para o cliente no momento do abastecimento. Ao oferecer e vender esses itens, você estará demonstrando **interesse** pelo veículo do cliente e ainda poderá ganhar uma **comissão** em dinheiro!

Nesse contexto, as outras verificações que devem ser feitas na **parte da frente** do veículo envolvem o nível da água do radiador, o nível do fluido de freio e a água do limpador de para-brisa. No próximo capítulo, falaremos um pouco mais sobre o sistema mecânico dos veículos.

Calibragem dos pneus

Outro item a que nem todo motorista e frentista ficam atentos é a calibragem dos pneus do veículo. Por mais que esse serviço pareça ser de pouca importância, é bom que você saiba que pneus que não estão com a calibragem correta correm o risco de se **deteriorar mais rapidamente**, fazendo com que o carro consuma mais combustível. Assim, é recomendável que os pneus sejam calibrados **toda vez que o veículo for abastecido**, ou, no máximo, **a cada 10 dias**.

Para que a calibragem seja eficiente, os pneus devem estar **frios**, ou seja, eles devem ser calibrados antes que tenham rodado **mais de três quilômetros**. Já a pressão correta varia de acordo com a **marca** e o **modelo do carro**. Mais uma vez, mencionamos que você não deve tentar **adivinhar** a calibragem correta. Em vez de fazer isso, verifique a **coluna da porta do motorista** ou a **tampa de combustível**, onde, normalmente, existem **tabelas indicando a pressão correta dos pneus** de acordo com a quantidade de pessoas que, geralmente, andam no veículo. Caso essas tabelas não estejam nos locais mencionados, consulte o **manual do carro** para verificar **a recomendação do fabricante**.

Verificar a pressão correta dos pneus é importante, pois, caso eles sejam calibrados de forma **errada**, uma das consequências será o **desgaste irregular e acelerado**. Outra consequência bem mais grave é a possibilidade de o motorista **perder o controle da direção**, pois o elemento que faz a aderência do veículo ao chão é justamente o pneu.

> **Abastecendo o seu repertório**
> Para saber mais sobre a importância da calibragem correta dos pneus, assista ao seguinte vídeo: <http://www.youtube.com/watch?v=QBpI_o4urlk>.

Importante!

Após a calibragem dos pneus, não esqueça de **recolocar as tampinhas dos bicos**. Elas são importantes para que não entrem resíduos que possam danificar os bicos, fazendo com que haja vazamentos.

É interessante que **todos os postos** tenham as referidas tampinhas para fornecer aos clientes, caso estes precisem comprá-las. Além disso, o **estepe também precisa ser calibrado semanalmente**, sendo que, como esse objeto fica em desuso, o certo é calibrá-lo com **4 libras a mais**.

Abastecendo a sua imaginação

Ilustrações: Dagoberto Pereira

Luciano abastece seu carro sempre no mesmo posto, com um frentista que é seu amigo. Antes de viajar de férias, ele foi ao local para abastecer, trocar o óleo do motor e calibrar os pneus do veículo. Sérgio, o amigo frentista, fez tudo o que Luciano pediu, porém calibrou os pneus sem levar em consideração o fato de que o carro estaria carregado com as malas da família do rapaz.

Durante a viagem – na descida referente à serra do mar – Luciano se deparou com uma chuva, seu carro derrapou e ele perdeu a direção.

Felizmente, ninguém se machucou, mas o carro ficou arranhado.

Você considera que Sérgio foi o culpado pelo acidente? Por quê?

Que outras consequências a pequena falta de atenção de Sérgio poderiam gerar?

Recebimento de valores

Depois que o frentista abasteceu o veículo, verificou os componentes que ficam na parte da frente e calibrou os pneus, é hora de fazer a cobrança, ou seja, **receber o valor do combustível e dos demais produtos** que, eventualmente, o cliente possa ter adquirido.

Quando o consumidor deseja fazer o pagamento com **cartão de crédito ou débito**, normalmente ele se dirige até o caixa que fica dentro da loja de conveniências. Nesse caso, o frentista deve entregar uma **comanda** com o **valor a ser pago**. É importante que o frentista fique atento para saber se o cliente realmente se dirigirá ao caixa e entregará a comanda para a pessoa que efetua as cobranças.

Denilson Augusto Santana, um frentista com mais de dez anos de experiência e que já trabalhou em vários postos de combustível, conta que é comum que clientes de má fé se dirijam até o caixa, peguem um chiclete, um maço de cigarros ou outro produto e efetuem apenas o pagamento desses itens, não entregando a comanda com o valor do abastecimento. Ele conta ainda que, ao contrário do que se possa imaginar, essas pessoas têm uma ótima aparência e são bastante simpáticas.

você sabia?

Em casos de clientes que ajam dessa forma, o posto pode, de acordo com suas normas internas, cobrar o valor do combustível não pago do frentista que realizou o atendimento.

Se o cliente deseja pagar os gastos em dinheiro, ele precisa entregar o valor **diretamente para o frentista**. Nessas situações, é importante **verificar se as notas entregues não são falsificadas** e, em seguida, **repassá-las imediatamente ao caixa**, devolvendo o troco, quando necessário.

As cédulas mais utilizadas pelos falsificadores são as de **R$ 50** e de **R$ 100**. Porém, notas de **R$ 10** também podem ser falsificadas. Para reconhecer uma cédula falsificada, é importante seguir alguns **passos de segurança** que existem em nosso país:

Passos de segurança

Passe os dedos pelo papel e sinta a *textura*. O dinheiro verdadeiro não é liso;

Observe se, ao lado dos números que dão valor à cédula, existe um desenho que é visto apenas no contraluz: a *marca d'água*;

Observe, também na contraluz, se há um *filete vertical* escuro dentro do papel.

Essas são algumas dicas rápidas para que você **reconheça uma nota falsa**. Se quiser saber mais sobre a falsificação de dinheiro, acesse os *links* a seguir:

<http://pessoas.hsw.uol.com.br/falsificacao.htm>.

<http://pessoas.hsw.uol.com.br/falsificacao2.htm>.

Outra situação comum é o pagamento de combustível por meio de **cheques. Vale lembrar que, assim como alguns postos aceitam essa forma de pagamento, outros, não aceitam.**

Por isso, **conheça as normas do posto onde você trabalha e as cumpra**, pois, caso você não siga corretamente essas determinações, o estabelecimento poderá descontar do seu salário os valores correspondentes aos cheques que você recebeu e que tiveram de ser devolvidos pelo banco por falta de fundos ou por algum outro motivo.

Os postos que aceitam cheques como forma de pagamento normalmente solicitam que o frentista siga as seguintes determinações:

1. Conferir a **documentação pessoal** (CPF, RG e cartão do banco) do cliente que está emitindo o cheque;

2. Anotar, no verso do cheque, a **placa** e a **marca do veículo**;

3. Para cheques com valores acima de **R$ 200**, pedir um visto do gerente ou do proprietário do posto.

Para saber mais sobre os cheques, leia o que a Federação Brasileira de Bancos (Febraban) diz sobre o assunto:

<http://www.febraban.org.br/Arquivo/Servicos/Dicasclientes/dicas3.asp>.

Importante!

Independentemente da forma de pagamento escolhida pelo cliente, não se esqueça de encerrar o seu atendimento com um sorriso e com aquele simpático "volte sempre"!

Segurança

Para finalizar este capítulo, comentaremos sobre um problema que, infelizmente, tem sido comum nos postos de combustível: **os assaltos**. Os especialistas em segurança recomendam que, durante uma situação dessas, todos tenham muita **calma**, pois o assaltante provavelmente estará **nervoso** e **armado**, e qualquer atitude que o assuste poderá desencadear uma **reação perigosa**.

Além disso, durante um assalto, mantenha as suas mãos sempre às vistas do assaltante. Por exemplo: se você colocá-las no bolso ou atrás do corpo, o criminoso poderá pensar que você está tentando pegar uma arma ou um telefone para avisar sobre o assalto; e essa atitude poderá colocar a sua vida e a de seus colegas de trabalho em **risco**.

Por fim, atenda às exigências do assaltante, que, provavelmente, pedirá que você se **movimente devagar**. Lembre-se: **o bem mais valioso do posto é a vida de seus funcionários**. Por isso, acalme seus colegas de trabalho e faça o possível para não permitir que uma situação de pânico se instale no local.

Dagoberto Pereira

As atividades diárias do frentista que foram abordadas neste capítulo são as mais **rotineiras**. Dependendo dos objetivos e da estrutura do posto em que você trabalha ou irá trabalhar, haverá outras atividades e rotinas.

Abastecendo o seu repertório

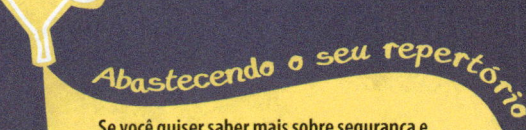

Se você quiser saber mais sobre segurança e prevenção de crimes, acesse o *link* a seguir: <http://tudosobreseguranca.com.br/portal/index.php?option=com_content&task=view&id=82&Itemid=128>.

Abastecendo os seus conhecimentos

Quais são os danos mais comuns nas bombas de combustível?

Cite os procedimentos corretos durante o abastecimento de um veículo.

Em que situações os postos de combustível são obrigados a realizar o teste de combustível?

A água da lavagem da pista de abastecimento pode ir diretamente para a rede de esgoto? Explique sua resposta.

Qual é o principal cuidado do frentista na hora de completar o óleo do motor de um veículo?

Como é possível saber a pressão correta da calibragem dos pneus de um carro?

Entendendo a mecânica básica dos veículos

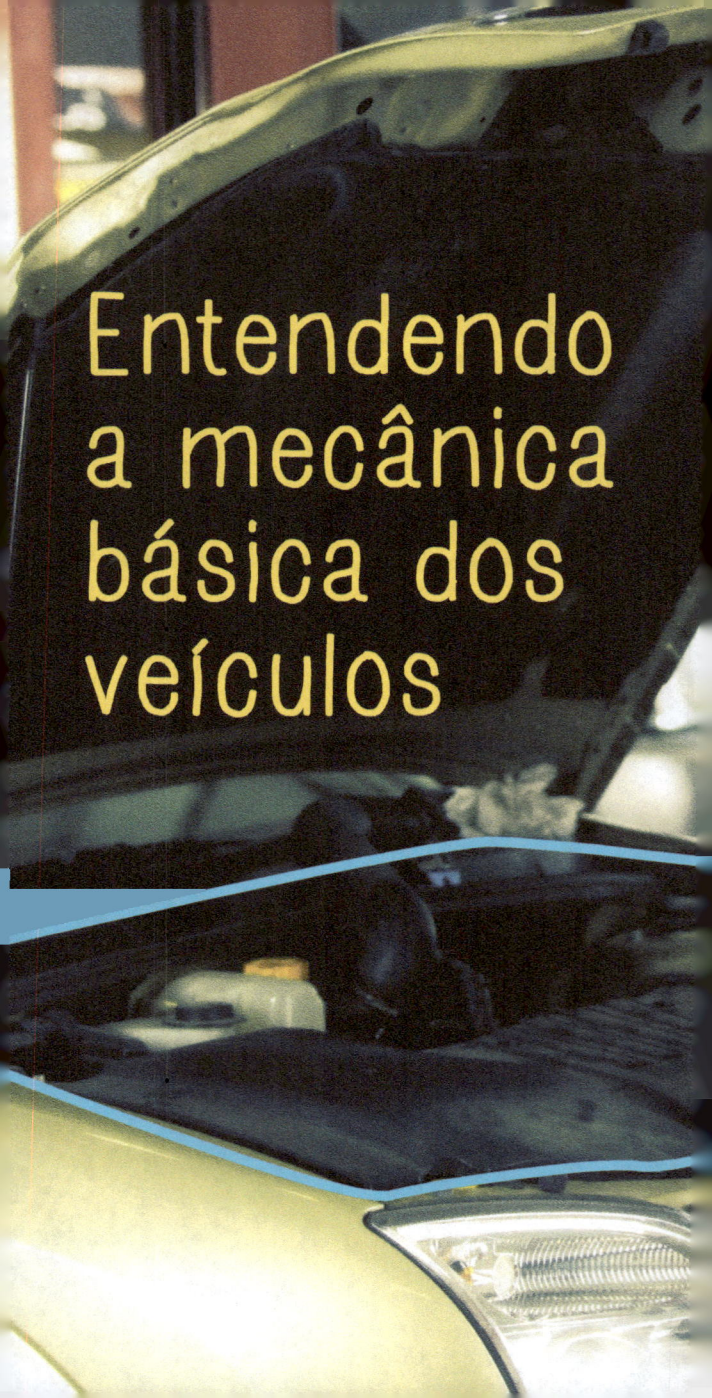

Antes de falarmos sobre os assuntos mais específicos da área da mecânica dos veículos, é preciso deixar claro que o objetivo deste capítulo é fazer com que você **conheça melhor o funcionamento dos automóveis**. Sendo assim, começaremos falando sobre as partes que compõem um carro.

Motor

O motor de um veículo é um **sistema complexo**, sendo que a sua finalidade é **fazer o carro se deslocar**. Para isso, o motor transforma o combustível em **energia** e, consequentemente, em **movimento**.

Para fazer com que o automóvel se movimente, o motor do carro promove a **queima** – ou **combustão** – **do combustível**. Esse processo ocorre na **câmara dos pistões** e libera a energia suficiente para fazer com que o carro ande.

Aabastecendo o seu repertório

Para saber mais sobre o funcionamento e os tipos de motores, acesse o seguinte *link*: <http://carros.hsw.uol.com.br/motores-de-carros.htm>.

Aproveite e também dê uma olhada nos vídeos sugeridos pelo *site*. Vale a pena!

Para funcionar corretamente, o veículo precisa ser abastecido com o **combustível certo** e de **boa qualidade**, pois, caso contrário, **o motor sofrerá danos**.

Para que o motor do carro tenha um melhor desempenho, é importante que o **tanque de combustível esteja sempre cheio**. Isso porque, conforme já foi dito, quando o tanque do veículo está com pouco combustível, ele está cheio de **ar**. Esse ar, por sua vez, possui umidade, sendo que esta, em contato com as paredes do tanque, se condensa e se transforma em água. Essa água irá se **misturar ao combustível**, diminuindo, portanto, sua **qualidade**.

Outro aspecto que afeta diretamente o motor do veículo é o **óleo**, que tem como principal finalidade **diminuir o atrito** e, consequentemente, o **desgaste entre as peças móveis do motor**, aumentando sua vida útil. Quando está funcionando, o motor gera muito calor devido ao atrito entre as peças móveis. Dessa forma, o lubrificante também ajuda a resfriar o motor do automóvel, diminuindo o atrito direto entre o pistão, os anéis e a parede do cilindro.

Outra função do lubrificante é **limpar e reter as impurezas do motor**. É por isso que o óleo, depois de usado, fica **escuro**!

É possível que, durante o seu expediente de trabalho, um cliente chegue ao posto dizendo que percebeu uma poça ou pingos de óleo debaixo do veículo. Isso caracteriza o chamado **vazamento de óleo**. Os vazamentos de óleo **só podem ser resolvidos por um mecânico**, pois o motor é um sistema complexo, com muitos componentes integrados. Além disso, esse derramamento pode não ter sido provocado pelo motor, já que outras partes do carro também utilizam óleo.

Confira na imagem a seguir as principais partes de um motor:

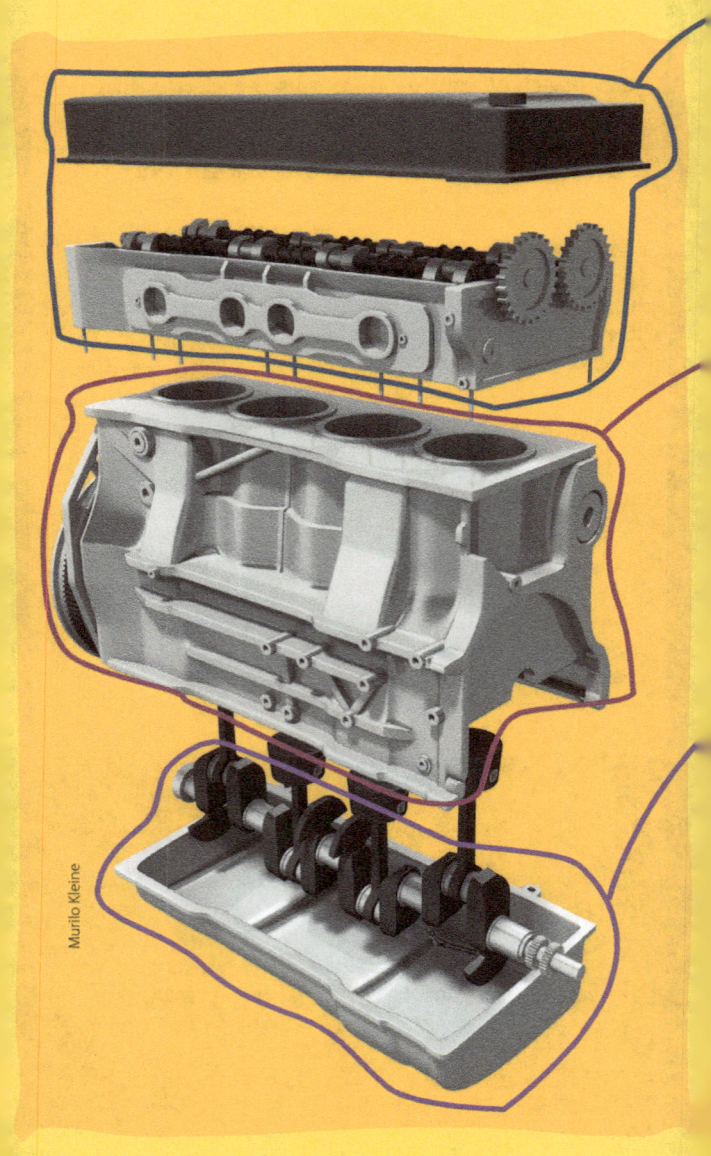

Cabeçote do motor: Local onde ficam as velas e as válvulas de admissão e de escapamento. É essa parte do motor que controla a entrada e a saída de ar, bem como do combustível. O cabeçote possui também dutos onde acontece a mistura de ar e de combustível. Essa mistura, por sua vez, vai para as válvulas.

Bloco do motor: Espaço onde ficam alojados os pistões, que, por sua vez, são mantidos em cilindros. Nesses cilindros, estão localizadas as câmaras de água e de óleo. Além disso, podemos encontrar, no bloco do motor, o virabrequim.

Conjunto do Virabrequim: Essa parte do motor tem a função de transformar o movimento retilíneo do pistão em movimento circular. Para isso, ela conta com diversas manivelas que formam ângulos entre si. Embaixo do virabrequim está o Carter, uma estrutura rígida que sustenta o virabrequim e mantém o óleo de lubrificação do motor.

Para ligar o cabeçote ao bloco do motor e este ao conjunto do virabrequim, existem os chamados **retentores** – ou **juntas**. Esses retentores também existem em outras partes do motor. Eles têm a função de reter óleos, graxas e os demais fluidos que circulam dentro do motor. As juntas podem ser feitas de silicone, de metal, de borracha ou de outros materiais, dependendo do local onde estão instaladas no motor.

Muitas pessoas acreditam que os vazamentos de óleo acontecem devido a uma **deterioração nos retentores**, mas os especialistas afirmam que podem existir outros problemas internos no motor que causem esses vazamentos.

Por isso, é importante mencionarmos que **só um mecânico pode identificar quais são as causas do vazamento de óleo**.

Ao frentista cabe, portanto, **não limpar o motor**, para que a análise do mecânico não seja prejudicada.

Outro detalhe importante envolve a **verificação da frente do veículo**. Em alguns casos, o cliente pode não notar o vazamento de óleo, pois este, às vezes, "espirra" para dentro do capô e não pinga no chão. Por isso, ao abrir o capô de um carro e perceber respingos de óleo na tampa ou na parte superior do motor, avise o cliente e peça que ele se dirija a uma oficina de confiança.

Abastecendo o seu repertório

Para saber mais sobre motores, acesse o *link* a seguir: <http://mecanicomaniacos.blogspot.com/p/mecanica-basica.html>.

Abastecendo os seus conhecimentos

Eduardo percebeu um vazamento de óleo em seu carro e foi ao posto mais próximo. Ao chegar no local, o frentista Júlio – amigo de Eduardo – colocou o veículo no elevador e disse que o vazamento de óleo se originava na junta do Carter.

A atitude de Júlio foi correta? Por quê?

Que consequências a atitude de Júlio poderia acarretar?

Sistema de arrefecimento ou refrigeração

Nesta obra, já comentamos que um motor em funcionamento gera **calor**. Para evitar que o calor excessivo **deteriore o motor**, há o **sistema de arrefecimento** ou **refrigeração**, que **controla a temperatura do motor**, aumentando sua vida útil, melhorando seu desempenho e colaborando para a economia de combustível.

As partes de compõem o sistema de refrigeração de um carro são: radiador, ventoinha, líquido de arrefecimento, água, bomba d'água, válvula termostática e mangueiras. Cada uma dessas partes tem uma função específica, e quando uma falha, o veículo **superaquece**. Nesses casos, se o motor não for **desligado rapidamente**, certamente **sofrerá sérios danos**.

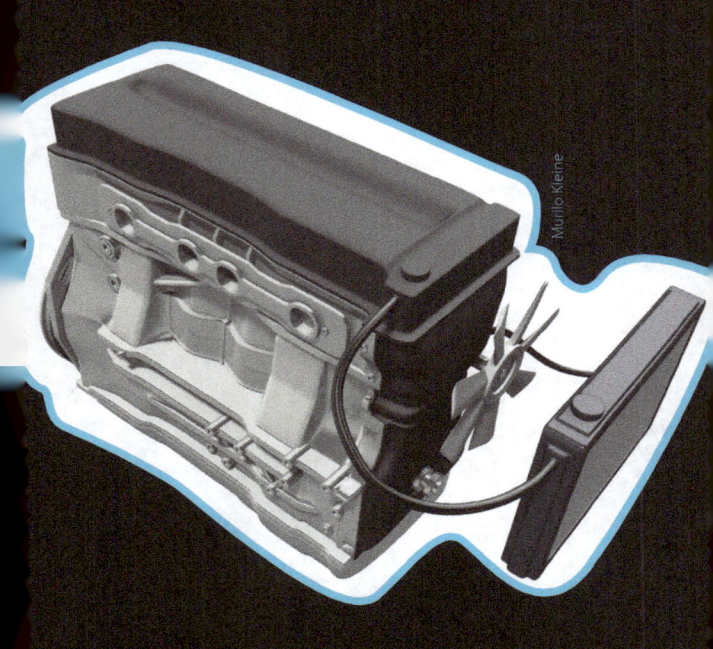

A causa mais comum de superaquecimento é a **falta de água no reservatório**. Por isso, quando abrir o capô de um veículo, sempre observe o **nível da água do reservatório do radiador**.

No reservatório, junto à água, fica o **líquido de arrefecimento**, que ajuda a **proteger e a diminuir a corrosão das partes metálicas do sistema de refrigeração**. A água e o líquido de arrefecimento circulam pelo bloco do motor, absorvendo o calor e fazendo a refrigeração.

Conheça alguns **cuidados especiais** na hora de verificar o nível de água do reservatório do radiador:

- Caso você abra a tampa do reservatório para verificar o nível da água, feche-o muito bem, pois deixar a tampa do reservatório solta faz com que o carro superaqueça.

- Nunca abra a tampa do reservatório com o motor quente, pois a água também estará quente, e o vapor poderá causar queimaduras graves.

- Espere o motor esfriar antes de completar o nível de água, pois, além de possíveis queimaduras, a água fria pode danificar o motor.

A tampa do reservatório de água do radiador pode ter os seguintes aspectos:

Abastecendo o seu repertório

Para saber mais sobre o assunto, acesse:
<http://www.agenciamsv.jex.com.br/dicas/voce+sabe+como+funciona+o+sistema+de+arrefecimento+do+seu+veiculo+e+como+conserva-lo>.

Aproveite e dê uma olhada nas demais notícias e dicas do *site*!

Sistema de transmissão

O sistema de transmissão é responsável por **transmitir o movimento gerado no motor para as rodas do veículo**, transformando a potência do motor em **energia mecânica**.

O sistema de transmissão começa no **volante do motor** (que, vale ressaltar, não é o volante da direção), passa pela **embreagem**, pela **caixa de câmbio** e pelo **eixo de transmissão** até chegar às **rodas**.

semieixo

caixa de mudanças

As caixas de câmbio podem ser:

Manuais: É o tipo mais comum no Brasil. O motorista aciona o pedal da embreagem para trocar as marchas por meio da alavanca de câmbio.

Automáticas: A troca de marchas é feita automaticamente de acordo com a velocidade do veículo e mediante o uso do pedal do acelerador. Nesse modelo, não existe pedal de embreagem.

Semiautomáticas: O motorista seleciona as marchas manualmente, mas não existe pedal de embreagem.

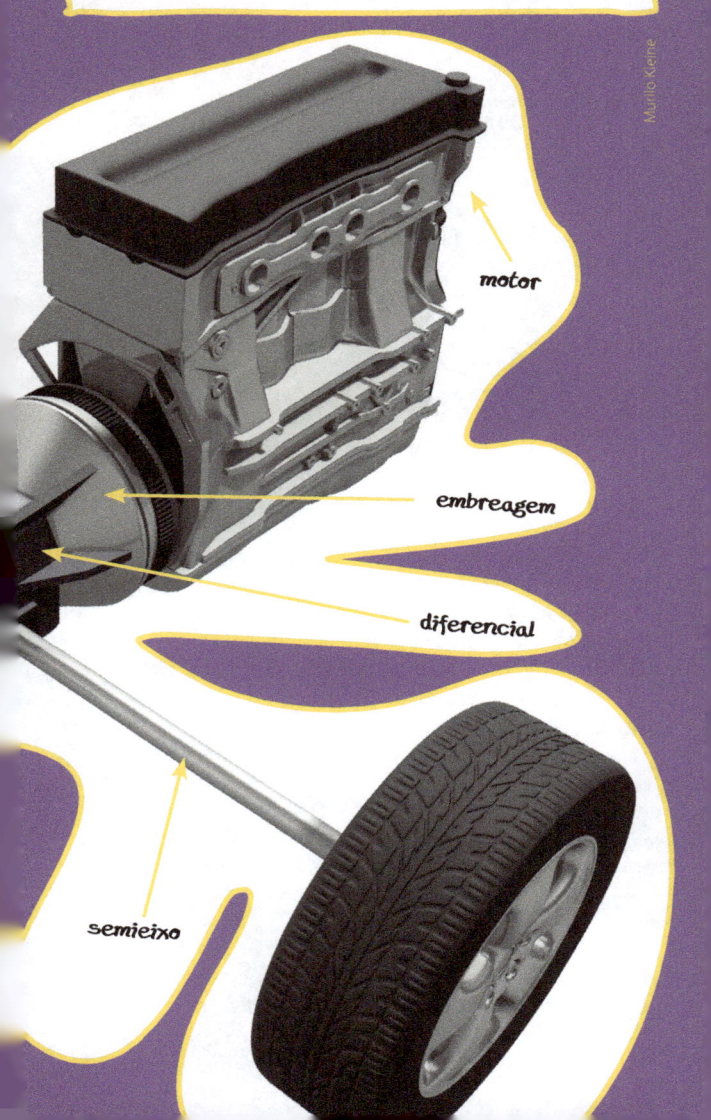

motor

embreagem

diferencial

semieixo

Sistema de direção

- coluna da direção
- tirante telescópico
- braço da suspensão
- caixa da direção
- barra transversal da direção

Murilo Kleine

O sistema de direção dos veículos automotores permite que o motorista **muda a trajetória do carro sempre que necessário**. Como a maioria dos carros possui **tração dianteira**, os movimentos feitos pelo condutor por meio do volante são transmitidos para as rodas dianteiras, sendo que as rodas traseiras seguem a trajetória determinada.

Os problemas mais comuns que ocorrem devido a falhas no sistema de direção são: trepidação do volante, desgaste irregular dos pneus, folga na direção (volante), volante "puxando" (para a esquerda ou direita) e ruídos na direção ao manobrar o veículo.

Alguns dos problemas citados anteriormente podem ser facilmente solucionados mediante a **calibragem correta dos pneus**, sobre a qual já falamos nesta obra. Porém, em alguns casos, é necessário fazer o alinhamento, a geometria e o balanceamento das rodas.

Alguns carros possuem **direção hidráulica**, que é um sistema que **torna a direção do veículo mais leve**. Isso acontece porque um fluido (óleo), que trabalha sob alta pressão, diminui a força necessária para que o motorista vire o volante. O funcionamento da direção hidráulica só é possível se o veículo estiver **ligado**.

A imagem a seguir reproduz a tampa do reservatório do óleo referente à **direção hidráulica**:

Ligados ao sistema de direção do veículo, estão a **suspensão** e os **freios**. A primeira é um conjunto de peças (molas, amortecedores, braço da suspensão, buchas etc.) que tem a finalidade de proporcionar **segurança e conforto aos passageiros e ao motorista**, compensando as irregularidades da pista.

Os **freios** são itens de segurança que merecem **atenção**, pois servem para **reduzir a velocidade** e/ou **fazer com que o carro pare completamente**. Ao **acionar o pedal do freio**, o motorista faz com que a pressão do fluido de freio seja transmitida até as pastilhas e lonas de freio.

É importante mencionar que o frentista deve **verificar o nível do fluido de freio** em um reservatório que fica localizado na frente do veículo. Esse reservatório possui o seguinte aspecto:

Abastecendo o seu repertório

Que tal assistir a uma animação técnica sobre o funcionamento dos freios? Acesse o *link* a seguir e confira: <http://www.youtube.com/watch?v=rkmie43kgcq&feature=related>.

Sistema elétrico

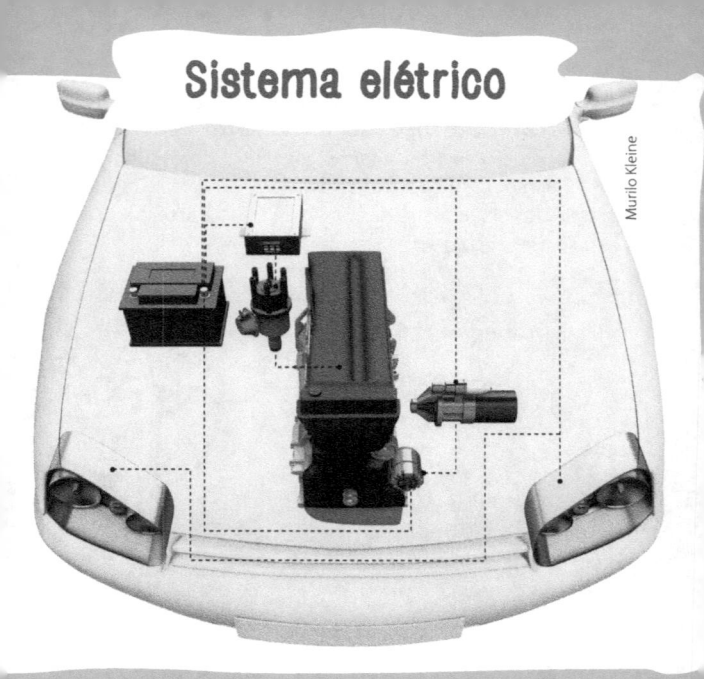

O sistema elétrico de um carro é responsável pelo **acionamento do motor de partida**, das **luzes**, do **mecanismo referente ao "pisca"**, do **limpador de para-brisa** e dos demais componentes elétricos do carro.

Existem mais de **mil metros de fio** em um carro considerado moderno, que possui uma grande quantidade de mecanismos eletrônicos. Todos esses fios utilizam uma **bateria** como **fonte de energia**.

Uma das funções do sistema elétrico é alertar o motorista – por meio de **luzes indicativas** no painel do veículo – sobre problemas que possam estar ocorrendo com o carro. Entre essas luzes, podemos citar a da **temperatura** (sistema de arrefecimento), a do **óleo do motor** e a da **bateria**, entre outras.

Além dos itens sobre os quais já comentamos, também fazem parte do sistema elétrico de um carro os seguintes componentes: velas de ignição, módulo de injeção eletrônica, filtro e bomba de combustível e alternador.

Agora que você sabe disso, quando um cliente chegar ao posto onde você trabalha e comentar que o carro está com dificuldades de "pegar", não vá logo acusando problemas de bateria, hein! Peça ao cliente que consulte um eletricista para detectar corretamente o problema.

Um cuidado que o frentista precisa ter com o sistema elétrico é **isolar o módulo de injeção eletrônica antes de efetuar a lavagem do carro**, pois, caso haja infiltração de água no módulo, esta irá provocar a queima deste.

Outros itens que estão ligados ao sistema elétrico do veículo são as **palhetas** do limpador de para-brisa, que são consideradas **mecanismos de segurança**. Ao atender os clientes, verifique se as palhetas de seus respectivos carros não estão ressecadas e aproveite para efetuar uma venda caso elas estiverem! Além disso, **reabastecer o reservatório de água do limpador de para-brisa** é outra atividade a ser realizada pelo frentista. A tampa desse reservatório tem o símbolo que é mostrado acima.

Abastecendo a sua imaginação

Imagine que você está ajudando um colega de trabalho que acabou de ser contratado. Escreva o esboço de uma explicação a ele, dizendo quais são os itens que precisam ser verificados no veículo durante o abastecimento. Lembre-se de mencionar a importância de cada um deles para a segurança do veículo.

A mecânica das **motos** é muito semelhante a dos carros, sendo que os princípios de funcionamento dos equipamentos são os mesmos. Apesar disso, um detalhe que merece uma atenção especial do frentista é o fato de algumas motocicletas possuírem o chamado **motor dois tempos**. Nesses casos, o óleo lubrificante do motor deve ser adicionado no mesmo compartimento do combustível.

abastecendo o seu repertório

Para saber como funcionam os motores **dois tempos**, acesse os *links* a seguir:

<http://ciencia.hsw.uol.com.br/motor-2-tempos.htm>.

<http://videos.hsw.uol.com.br/motores-2tempos-2-video.htm>.

Nas motos, existe um dispositivo no lado esquerdo do tanque de combustível que **regula a passagem de combustível para o carburador**. Vale ressaltar que as três posições desse dispositivo devem ser usadas **manualmente** pelo motorista e observadas pelo frentista durante o abastecimento. Assim, a vida útil do carburador será prolongada e vazamentos de combustível serão evitados.

As **três posições** são:

ON: Deve ser acionada quando o motorista quiser ligar a moto.

OFF: Deve ser empregada quando o motorista quiser desligar a moto.

RES: O motorista precisa utilizá-la quando o tanque de combustível da moto estiver na reserva.

Outro detalhe importante em relação às motos: devido ao seu tamanho, até mesmo o menor problema mecânico pode causar um acidente sério, já que o para-choque da moto é o próprio condutor. Por isso, revisar os itens de segurança, como o nível do óleo do motor e do fluido de freio, a calibragem dos pneus e as condições gerais das luzes, entre outros, precisa ser uma *atividade mais frequente do que com os veículos de quatro rodas.*

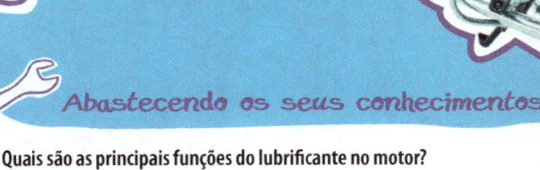

Abastecendo os seus conhecimentos

Quais são as principais funções do lubrificante no motor?

Por que os vazamentos de óleo só podem ser resolvidos por um mecânico?

Quais são os cuidados que um frentista deve ter na hora de verificar o nível de água no reservatório do radiador?

Complete as lacunas:

A calibragem correta dos pneus auxilia o _____ na prevenção e correção de possíveis falhas.

A _____ tem a finalidade de compensar as irregularidades da pista.

O _____ transmite a pressão que o motorista faz no pedal para as pastilhas e lonas de freio.

Caso haja infiltração de água no _____, durante a lavagem do veículo, este queimará.

Que tipo de problema um veículo pode apresentar quando a bomba de combustível está danificada?

Segurança no trabalho

O trabalho do frentista possui vários **riscos** para a saúde e a integridade física do profissional.

Abastecendo o seu repertório

Para que você possa compreender melhor esses riscos, vale a pena assistir a uma reportagem que o Jornal Nacional fez sobre o atropelamento de um frentista: <http://www.youtube.com/watch?v=jqhNOId33Ck&feature=related>.

Um dos riscos que o frentista corre envolve os chamados **acidentes de trabalho**, que, segundo a Lei 8.213/91,

ocorre[m] pelo exercício do trabalho a serviço da empresa, com o segurado empregado, trabalhador avulso, médico residente, bem como o segurado especial, no exercício de suas atividades, provocando lesão corporal ou perturbação funcional que cause morte, a perda ou redução, temporária ou permanente, da capacidade para o trabalho. (Brasil, 1991)

Segundo a mesma lei, também são consideradas acidente de trabalho as **doenças profissionais** e as **doenças do trabalho**. Com relação a isso, para evitar acidentes no trabalho ou na vida pessoal, é importante adotar **medidas de prevenção**.

Os acidentes são causados basicamente por **quatro atitudes** que uma pessoa pode ter. São elas:

Suposição: Nesse caso, em vez de ter certeza, a pessoa supõe que está suficientemente prevenida e protegida, o que é um erro.

Autoexclusão: É o ato de achar que coisas ruins só acontecem com os outros. Ao pensar dessa forma, o indivíduo não se previne contra possíveis problemas e acontecimentos futuros.

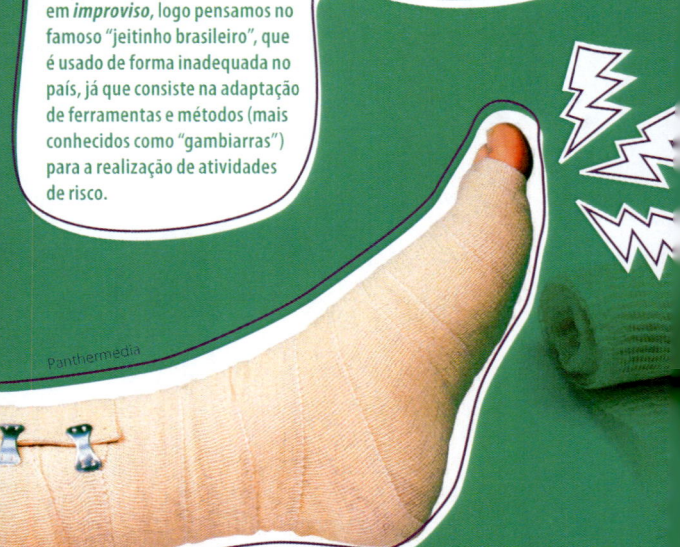

Pressa: Realizar uma atividade com pressa faz com que a pessoa pule as etapas de prevenção, ignorando os riscos simplesmente para ganhar tempo.

Improviso: Quando falamos em *improviso*, logo pensamos no famoso "jeitinho brasileiro", que é usado de forma inadequada no país, já que consiste na adaptação de ferramentas e métodos (mais conhecidos como "gambiarras") para a realização de atividades de risco.

Panthermedia

Já os *acidentes de trabalho* acontecem principalmente por duas razões:

Atos inseguros: Estão diretamente relacionados às quatro atitudes que acabamos de comentar, pois envolvem exclusivamente o *fator humano*. Nesse caso, o profissional deixa de realizar todos os procedimentos de segurança determinados pelo posto, como ocorreu no acidente entre o frentista e o caminhão-tanque que você viu. Os atos inseguros estão ligados à *inadequação do indivíduo à atividade que está desenvolvendo* – já que ele não tem a devida consciência dos perigos que envolvem a sua função por falta de conhecimento técnico – e a *fatores pessoais* que atrapalham o seu desempenho no trabalho. Entre esses fatores, estão problemas familiares, doença, cansaço etc.

Condições inseguras: São falhas no ambiente de trabalho que comprometem a segurança e a integridade física dos trabalhadores, como você pôde conferir no vídeo sugerido anteriormente. Em um posto de combustível, as condições inseguras são a pista de abastecimento suja de óleo (que, consequentemente, fica escorregadia), bombas de combustível danificadas, iluminação inadequada, trânsito irregular de veículos, armários enferrujados, falta de equipamentos de segurança (luvas, botas e lanternas), defeitos no elevador de veículos, entre outros.

Vale salientar que, em alguns casos, há a combinação de **atos inseguros** e **condições inseguras**. Além disso, é importante citar que a maneira de se vestir (acessórios extravagantes e sapatos inadequados) e a falta de ordem e de limpeza no ambiente de trabalho são os principais motivos dos acidentes em postos de combustível.

Para evitar esses dois motivos, as empresas disponibilizam:

Equipamentos de proteção coletiva **(EPC)**: referem-se às inspeções de segurança e à sinalização do posto. Além disso, a manutenção preventiva dos equipamentos e das ferramentas do estabelecimento pode ser considerada uma medida de proteção coletiva.

Equipamentos de proteção individual **(EPI)**: são luvas, botas, uniformes e capas de chuva.

No caso específico dos postos de combustível, as normas regulamentadoras do segmento determinam os seguintes procedimentos de segurança contra acidentes de trabalho:

- Realização de treinamento de segurança para os funcionários recém-admitidos.

- Sinalização visível no piso e nas paredes evidenciando os extintores de incêndio.

- Aterramento das máquinas e dos equipamentos.

- O local de instalação do compressor de ar deve atender a exigências rígidas, como estar a três metros de distância das outras instalações e ter iluminação de emergência. Além disso, na sala do compressor de ar não podem ser armazenados outros materiais.

- O local onde os funcionários fazem suas refeições deve ter o piso revestido de material lavável, possuir condições para a conservação dos alimentos e ter uma fonte de água potável e em boas condições de higiene.

- Os sanitários devem ser separados por sexo, estar em boas condições de higiene, ter paredes e pisos revestidos de material impermeável, possuir armários individuais para todos os funcionários e oferecer material para limpeza, enxugo e secagem das mãos, bem como papel higiênico.

Você já ouviu falar em **ergonomia?** Quando o assunto é acidente de trabalho, a compreensão desse conceito é necessária. Ergonomia tem tudo a ver com as doenças profissionais, pois é uma ciência que procura **harmonizar o homem com seu trabalho**, de forma que as atividades profissionais tragam bem-estar ao indivíduo.

Dessa forma, a ergonomia estuda os **riscos aos quais os trabalhadores ficam expostos**, que podem causar desde um **pequeno desconforto** até **doenças**. Entre os referidos riscos, estão postura inadequada, levantamento de peso constante, esforço físico, repetição de uma mesma atividade etc.

> Essas atitudes podem trazer problemas para a saúde do trabalhador, como a LER (Lesão por Esforço Repetitivo) e a DORT (Doenças Ocupacionais Relacionadas ao Trabalho), além de cansaço excessivo, hipertensão, distúrbios do sono, gastrite, úlcera, ansiedade, problemas na coluna etc.

Se, depois de ler essa explicação, você tiver alguma suspeita de doença do trabalho, **procure um médico**. É importante mencionar que as informações apresentadas aqui não são suficientes para um diagnóstico, sendo que **somente um médico é capaz de fazê-lo**.

Panthermedia

Abastecendo a sua imaginação

Juliano é um frentista que não gosta muito de lavar a pista de abastecimento. Certo dia, ele foi trabalhar com um calçado diferente do que lhe foi entregue como uniforme, escorregou na pista e machucou a perna.

Você considera que essa ação envolve um ato inseguro, uma condição insegura ou a combinação dos dois fatores? Explique sua resposta.

Abastecendo o seu repertório

Para saber mais sobre LER e DORT, bem como sobre a prevenção para esses problemas de saúde, acesse o *link* a seguir:

<http://bvsms.saude.gov.br/bvs/publicacoes/protocolo_ler_dort.pdf>.

Noções para prevenção e combate de incêndios

Um dos fatores que fizeram com que o homem dominasse a Terra foi o **controle do fogo**. Desde os tempos remotos, esse elemento da natureza tem sido nosso aliado no aquecimento e no preparo dos alimentos, além de ser um mecanismo usado para afastar os animais que podiam machucar o ser humano. Porém, nos dias atuais os incêndios, ou seja, manifestações incontroláveis do fogo, têm sido um **problema** para a humanidade.

Os grandes incêndios começam sempre com uma pequena fagulha. É importante dizer que, quanto antes ele for controlado, melhor.

Para que você entenda como o fogo se inicia e se mantém "vivo", vamos conhecê-lo melhor:

O fogo só é capaz de surgir quando há a combinação de três fatores:

- O calor ou a fagulha;

- O combustível, algo que possa ser queimado, como capim seco, papel, tecido, gasolina, álcool etc.;

- O comburente, que é o oxigênio (o gás que nos faz viver, e que, por isso, é abundante no ar). Se o oxigênio não estivesse presente, **não existiria fogo**.

Partindo da análise dos três fatores que propiciam o fogo, podemos entender que, **se excluirmos um deles, o fogo se extinguirá**. Assim, se jogarmos **água** nas chamas, elas diminuirão, pois estaremos **retirando o calor que alimenta o fogo**. Além disso, se abafarmos o pequeno foco de incêndio com um **pano** ou com uma **tampa metálica**, estaremos **retirando o oxigênio** e, consequentemente, o fogo cessará.

É preciso lembrar que, caso as chamas não sejam controladas a tempo, sempre haverá novos combustíveis que poderão alimentá-las, como no caso de o incêndio acontecer em uma **floresta**, onde existem muitas folhas e galhos secos. Por isso, os bombeiros costumam **cavar uma trilha ou jogar terra ao redor de um foco de incêndio, isolando-o das outras áreas**.

Anteriormente, comentamos que os combustíveis dos postos são **altamente inflamáveis**. Por isso, é extremamente importante que você **esteja atento aos perigos de um incêndio no seu local de trabalho**.

Uma das formas de compreender melhor esses perigos é conhecer os **sintomas** que os combustíveis provocam no indivíduo, caso sejam expostos ao corpo humano:

Gasolina e diesel: A inalação de grandes quantidades desses produtos provoca uma **ação anestésica** no cérebro da pessoa, deixando-a mais **lenta** e **menos sensível aos estímulos externos**, podendo, inclusive, levar a um estado de coma ou desmaio.

Álcool: Provoca **asfixia** quando inalado em grandes quantidades.

Além disso, a inalação de grandes quantidades dos combustíveis citados ou a ingestão destes **intoxica os rins, o fígado, o sangue, os pulmões e deteriora o sistema digestivo, bem como os demais órgãos e tecidos do corpo humano**. Depois dessa explicação, creio que você compreendeu a importância de prevenir incêndios, não é mesmo?

Nos postos de combustível, devem existir extintores espalhados. Saber a maneira correta de utilizá-los é uma **obrigação do frentista**.

Para isso, ele precisa conhecer as **classes de incêndio**:

Classe A: Incêndio de materiais que queimam na superfície e na profundidade, como madeira, papel, tecidos, capim seco etc.

Classe B: É o mais comum nos postos de combustível, pois envolve materiais inflamáveis, que queimam apenas na superfície e são muito suscetíveis a explosões. Esses materiais são os combustíveis, o álcool usado nas residências, o gás de cozinha, o querosene, entre outros.

Classe C: Engloba os incêndios em equipamentos elétricos e eletrônicos, como computadores, televisões, motores, quadro de luz etc.

Classe D: Refere-se a incêndios que necessitam de agentes extintores específicos, pois são ocasionados por elementos químicos, como pó de zinco, sódio, magnésio, entre outros.

Veja agora a forma correta de utilização dos extintores:

Tipo de extintor	Quando usar	Como usar
Extintor de água pressurizada/Água e gás	Somente em incêndios da classe A. Nunca utilizar em incêndios das outras classes, pois a água, nesses casos, espalha o fogo. O processo de extinção do incêndio é por resfriamento.	Extintor pressurizado: Romper o lacre e apertar o gatilho, dirigindo o jato de água para a base do fogo. Extintor água e gás: Abrir o registro da ampola de gás e dirigir o jato de água também para a base do fogo.
Extintor de pó químico seco	Indicado para incêndios das classes B e C, possuindo baixa eficiência em incêndios da classe A. Quando esse extintor é usado em incêndios da classe C, é possível que o pó químico estrague o equipamento. O método de extinção do fogo é por abafamento.	Extintor pressurizado: Romper o lacre e apertar o gatilho, dirigindo o jato de pó químico para a base do fogo. Extintor a pressurizar: Abrir o registro da ampola de gás e dirigir o jato de pó químico também para a base do fogo.
Extintor de gás carbônico	Pode ser usado em incêndios das classes B e C, possuindo baixa eficiência em incêndios da classe A. O método de extinção do fogo é por abafamento.	Romper o lacre e apertar o gatilho, dirigindo o difusor para a base do fogo. É expressamente proibido tocar na base do difusor (ponteira do extintor), pois a pele poderá aderir a ele devido ao frio, causando sérias lesões ao manipulador.

Importante: Os incêndios da classe D necessitam de extintores específicos, porém, em algumas situações, os extintores de pó químico e gás carbônico podem ser utilizados.

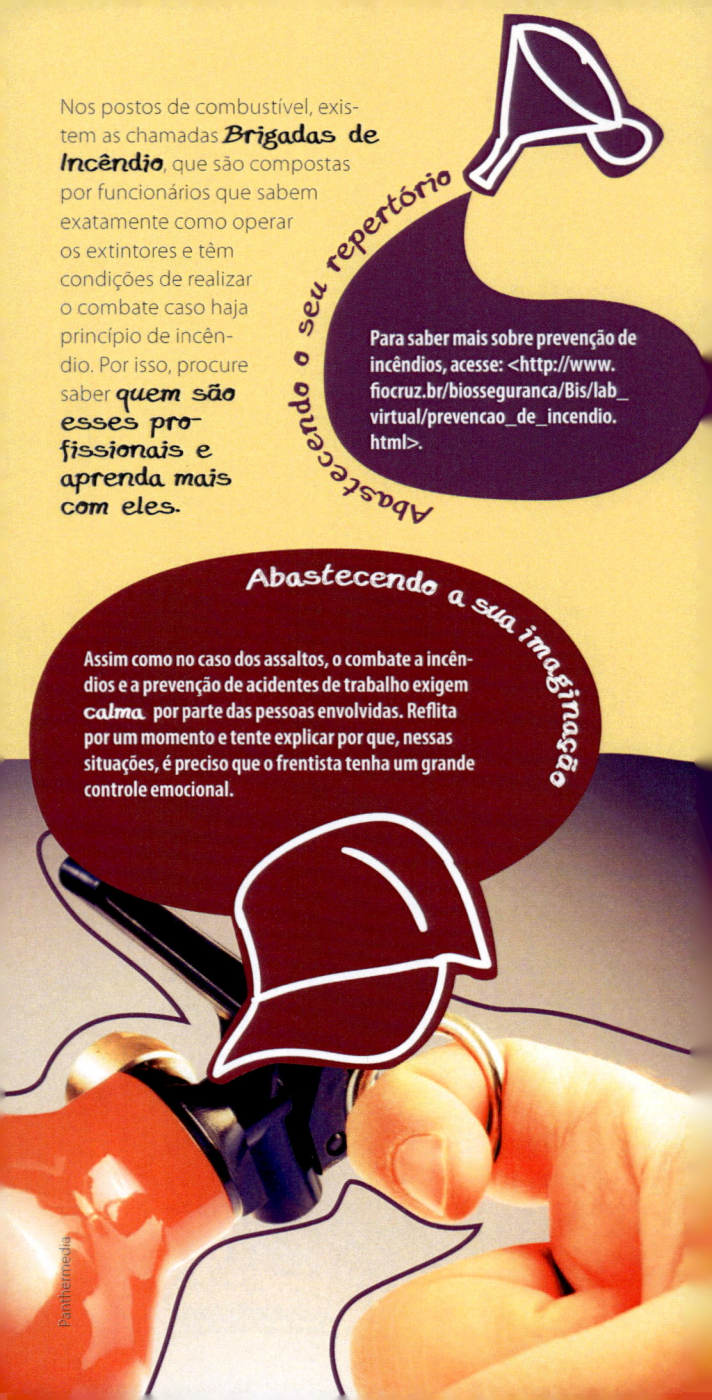

Nos postos de combustível, existem as chamadas **Brigadas de Incêndio**, que são compostas por funcionários que sabem exatamente como operar os extintores e têm condições de realizar o combate caso haja princípio de incêndio. Por isso, procure saber **quem são esses profissionais e aprenda mais com eles.**

Abastecendo o seu repertório

Para saber mais sobre prevenção de incêndios, acesse: <http://www.fiocruz.br/biosseguranca/Bis/lab_virtual/prevencao_de_incendio.html>.

Abastecendo a sua imaginação

Assim como no caso dos assaltos, o combate a incêndios e a prevenção de acidentes de trabalho exigem **calma** por parte das pessoas envolvidas. Reflita por um momento e tente explicar por que, nessas situações, é preciso que o frentista tenha um grande controle emocional.

Noções de primeiros socorros

A essa altura, você já compreendeu que pode, eventualmente, deparar-se com uma situação de acidente no posto onde trabalha ou mesmo em outros locais. Nesses casos, a pessoa acidentada precisará de um *auxílio imediato*. Por isso, falaremos agora sobre *noções de primeiros socorros*.

O que não fazer!

Não coloque açúcar, sal, borra de café, clara de ovo, pasta de dente, manteiga, vinagre ou outros produtos domésticos em cima de ferimentos, sejam eles cortes ou queimaduras. Para estancar o sangue no caso de um corte, use um *pano limpo* para comprimir o local e *não faça os conhecidos torniquetes*. No caso de queimaduras, use *água corrente fria* para resfriar o local afetado.

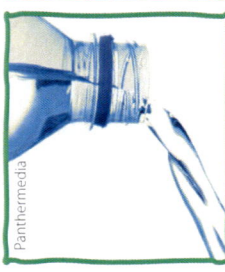

O que não fazer!

Em situações de batidas fortes (pancadas), você deve usar gelo, enrolá-lo em um pano ou plástico e colocá-lo em cima do local atingido. *Em hipótese alguma coloque calor no local ferido.* Compressas quentes devem ser utilizadas apenas 24h após o momento da batida.

Quando alguém ingerir uma substância tóxica por descuido, não *provoque o vômito ou faça com que a pessoa beba leite*. Essas medidas só podem ser utilizadas quando essa ação for *expressamente recomendada* no rótulo do produto ingerido. A atitude correta é levar a pessoa rapidamente ao serviço de emergência mais próximo ou chamar o socorro. Não esqueça de levar a embalagem do produto para mostrá-la ao médico ou socorrista.

O que não fazer!

No caso de uma pessoa ter sido atingida por uma faca ou por um pedaço de determinado material (ferro, madeira, vidro etc.) na barriga, no peito, na cabeça, na perna ou no braço, **não retire o material do corpo da pessoa**, pois é possível que ele esteja evitando uma hemorragia interna. Nessas situações, o melhor que você tem a fazer é **chamar o resgate ou levar a vítima ao hospital mais próximo**.

Se determinada pessoa tiver uma crise convulsiva, **não tente puxar ou segurar sua língua**. Em casos como esse, a atitude correta é apenas **cuidar para que a pessoa não se machuque gravemente**, evitando que ela se choque com materiais perigosos.

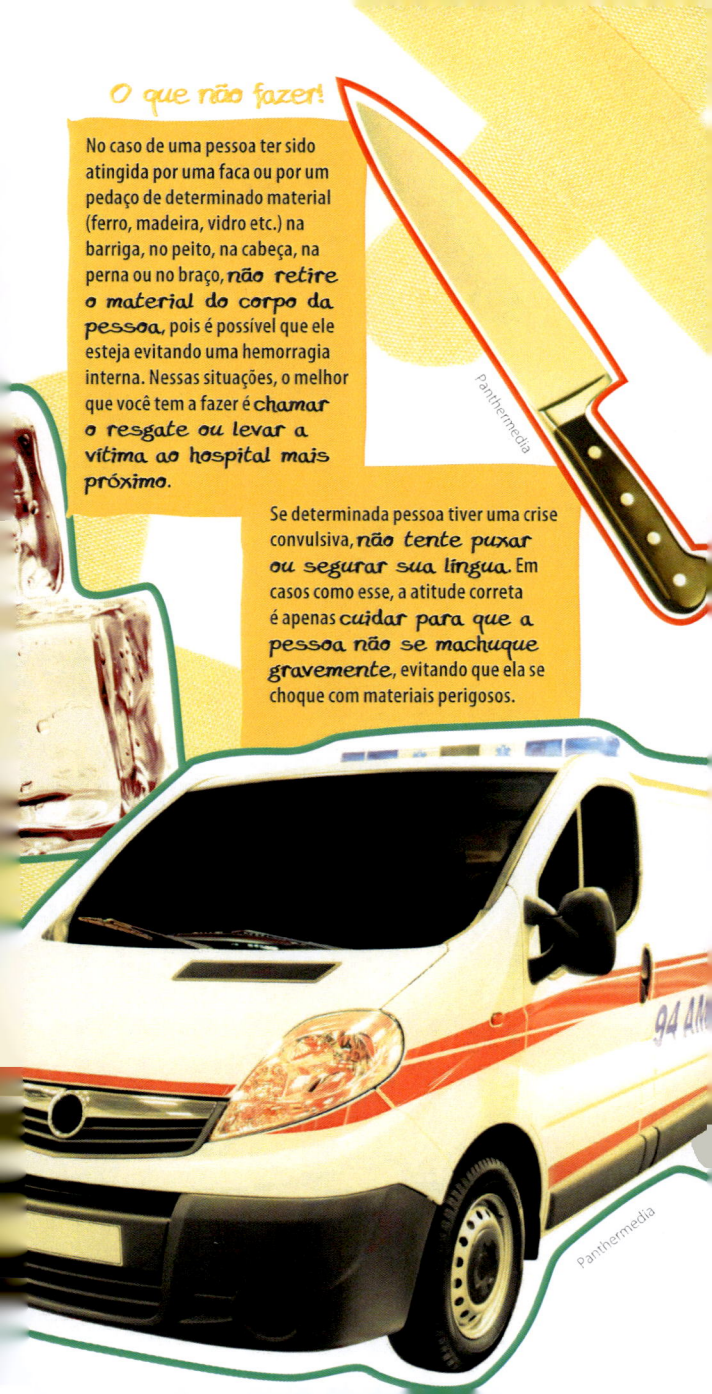

O que fazer!

CORTES E FERIMENTOS NA PELE

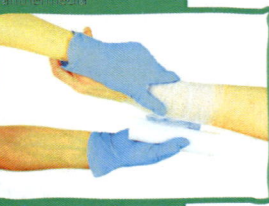

Quando uma pessoa corta ou machuca a pele, é preciso lavar muito bem a área afetada com água e sabão. Depois de limpo, o local deve ser coberto com uma gaze ou pano. No caso de ferimentos profundos, após a limpeza inicial a vítima deve ser levada ao hospital para uma avaliação médica. Caso o ferimento tenha sido causado por um objeto sujo ou enferrujado, a vítima deve consultar um médico para que a vacina contra o tétano seja aplicada, ou mesmo que a lesão seja pequena. Vale lembrar que a vacinação contra essa doença só é válida por 10 anos (caso tenham sido aplicadas as três doses). Por isso, é sempre bom ter certeza da data da última vacina.

QUEIMADURAS

O procedimento inicial para aliviar a dor provocada por queimaduras é umedecer a região atingida com panos limpos molhados com água fria. Não coloque a vítima sob chuveiro frio, nem ponha sacos de gelo sob a região afetada, pois eles podem grudar na pele. Depois do procedimento inicial, não cubra a área afetada. Caso existam objetos como anéis, pulseiras, correntes ou relógios na parte atingida, eles devem ser removidos, porém, se a remoção for difícil, deixe que o médico o faça. Nunca coloque nenhum tipo de remédio na área afetada e não mexa nas bolhas.

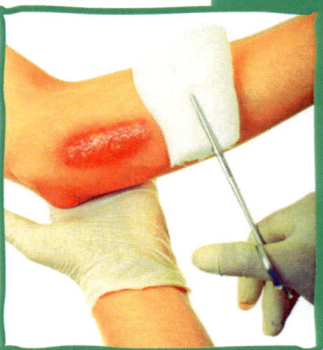

O que fazer!

CHOQUE ELÉTRICO

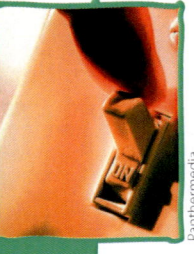

Nesses casos, primeiramente *desligue a chave de luz para, depois, afastar a vítima do fio de luz ou do aparelho elétrico. Jamais toque na pessoa sem desligar a chave*, senão você também levará um choque. O passo seguinte é buscar um médico ou chamar o resgate.

ACIDENTE DE TRÂNSITO

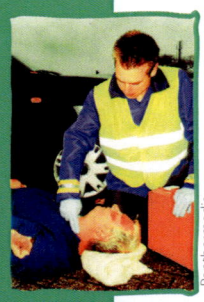

Ao se deparar com um acidente de trânsito, *só mexa na vítima se houver risco de incêndio ou explosão*. Se possível, *use o extintor de incêndio*, afinal, manipular esse equipamento corretamente é uma das obrigações do frentista. Mantenha a vítima deitada, tomando cuidando para *não manipular a coluna e o pescoço*. É importante chamar o *resgate o quanto antes*.

DESMAIOS

A primeira providência a ser tomada em casos de desmaio é *garantir que a vítima esteja respirando*. Durante o período do desmaio, a pessoa fica inconsciente e pode ter as vias respiratórias bloqueadas por saliva, vômito ou sangue. A forma correta de agir é *abrir a boca da vítima com firmeza*, mas delicadamente, *puxando a mandíbula para frente e inclinando a cabeça dela para trás*. Essa manobra afasta a língua do fundo da garganta e libera a passagem de ar. Depois disso, *coloque a pessoa com a cabeça para o lado*, de forma que os possíveis líquidos que possam estar obstruindo as vias respiratórias sejam *eliminados*. Caso você trabalhe ou conviva com uma pessoa que costuma desmaiar, no momento em que perceber que ela está passando mal, *ajude-a a se apoiar em um local seguro*, levantando suas pernas e afrouxando suas roupas. Peça, então, para que ela respire profundamente. *Esses procedimentos simples podem ser suficientes para evitar um desmaio.*

Lembre-se:

Embora os procedimentos apresentados pareçam básicos, saiba que eles podem salvar uma vida!

Importante!

Independentemente da situação, o importante é *manter a calma e garantir a sua segurança e a da vítima*. Por isso, nunca mexa em um ferimento *sem luvas*. Isso evitará que você, em contato com o sangue de outra pessoa, contraia *doenças graves*, como AIDS e hepatite.

Panthermedia

Abastecendo o seu repertório

No *Youtube*, existem vários vídeos que mostram procedimentos de primeiros socorros. É só acessar o *link* a seguir e conferir:

<http://www.youtube.com/results?search_query=primeiros+socorros&aq=f>.

Abastecendo a sua imaginação

Luciano atua como frentista de um posto há cinco anos. Ele sempre desempenhou suas funções de maneira correta, atendendo aos clientes e colegas com simpatia e educação. Porém, Luciano nunca quis fazer cursos de aperfeiçoamento, nem participar da Brigada de Incêndio do posto. Atualmente, ele se queixa por ainda não ter sido promovido a chefe dos frentistas, função que um de seus colegas, Márcio, conseguiu com apenas três anos de casa.

Em sua opinião, porque Luciano ainda não foi promovido?

Que atitudes Márcio pode ter adotado para conseguir uma promoção com menos tempo de trabalho que Luciano?

Abastecendo os seus conhecimentos

Quais são as quatro atitudes humanas que favorecem os acidentes?

Qual a diferença entre atos inseguros e condições inseguras?

Quais são os três fatores que colaboram para a formação de um incêndio?

Preencha a tabela a seguir com os dados solicitados:

Classe de incêndio	Caracterização da classe de incêndio	Tipo de extintor utilizado para apagar o incêndio
A		
B		
C		
D		

Assinale V (Verdadeiro) ou F (Falso) para as afirmações sobre primeiros socorros:

( ) Para estancar um sangramento, é recomendável colocar açúcar ou sal sobre o ferimento.

( ) No caso de uma batida forte na perna ou em outro local do corpo, o certo é usar gelo na parte afetada.

( ) Quando uma pessoa corta ou machuca a pele, é preciso lavar muito bem a área atingida com água e sabão.

( ) Depois de resfriar com água fria a região do corpo de uma vítima de queimaduras, é recomendável cobrir a área afetada com uma gaze ou pano limpo.

( ) No caso de um choque elétrico capaz de deixar uma pessoa grudada ao equipamento em questão, o frentista deve desligar a chave de luz antes de tocar na vítima.

Depois de abastecer

Agora que nós chegamos ao final desta jornada, com certeza você já conhece um pouco mais sobre a profissão de frentista e entende o tamanho das **responsabilidades** que envolvem essa função.

Costumo dizer que trabalhar com pessoas é difícil, porém muito **gratificante**. Afinal, durante o contato interpessoal, conseguimos compreender porque a nossa espécie atingiu um nível tão **elevado** na escala evolutiva. Claramente, isso aconteceu devido à nossa capacidade de **trabalhar em equipe** e de **compartilhar conhecimentos**.

Mas não ache que já adquiriu todos os **conhecimentos necessários** para o seu trabalho e, portanto, para a sua vida. Continue **estudando** e se **desenvolvendo**. Quanto mais conhecimentos adquirir durante a sua vida, mais **livre** e **feliz** você será. Sendo assim, é importante que você **trace metas** e **objetivos** para o seu futuro e **siga em busca deles**, sem desanimar diante das dificuldades.

Independentemente do caminho que você deseja trilhar, saiba que o primeiro passo é sempre o mais difícil, mas este você já deu por meio da leitura desta obra. **Procure sempre ser o melhor naquilo que faz**!

Sucesso e bom trabalho!

Abastecimento extra

Com o objetivo de **melhorar seu autoconhecimento**, faça o seguinte exercício:

1. Numa folha de papel, escreva as suas **principais características**: de um lado, as positivas e, de outro, as negativas.

2. Peça a, pelo menos, duas pessoas – incluindo seus familiares – que **descrevam suas principais características**. Anote o que elas disserem em outras folhas.

3. **Compare as listas**, verificando as semelhanças e as diferenças encontradas.

4. **Monte uma lista** única com as características que você considera positivas e negativas. Lembre-se de que um ponto positivo observado por outra pessoa pode ser um ponto negativo para você. Por exemplo: se alguém disser que uma de suas qualidades é a persistência, sendo que você se considera uma pessoa teimosa, essa característica deverá estar no lado negativo.

5. De posse da lista, comece a **trabalhar os pontos negativos** que mais lhe incomodam. Mude a sua maneira de agir e de pensar, verificando em que situações do cotidiano suas atitudes podem ser diferentes.

Não esqueça de dar uma boa olhada nas características positivas da lista e de se valorizar. Sua autoestima precisa estar alta para que você atenda melhor aos seus clientes!

Para melhorar o seu autoconhecimento e saber mais sobre o tema, acesse o vídeo a seguir: <http://www.youtube.com/watch?v=rmm3B2PZajY>.

Referências

AGÊNCIA MSV PRESS. **Dicas**: você sabe como funciona o sistema de arrefecimento do seu veículo e como conservá-lo? Disponível em: <http://www.agenciamsv.jex.com.br/dicas/voce+sabe+como+funciona+o+sistema+de+arrefecimento+do+seu+veiculo+e+como+conserva-lo>. Acesso em: 30 nov. 2011.

ANIMAÇÃO técnica – sistema de freios do veículo. Disponível em: <http://www.youtube.com/watch?v=rkmie43kgcq&feature=related>. Acesso em: 29 nov. 2011.

ANP – Agência Nacional do Petróleo, Gás Natural e Biocombustíveis. **Cartilha do posto revendedor de combustíveis**. 4. ed. Rio de Janeiro: ANP, 2009. Disponível em: <http://www.recap.com.br/2009/pdfs/cartilha_postos_anp_2008.pdf>. Acesso em: 28 nov. 2011.

ATROPELAMENTO de frentista. Disponível em: <http://www.youtube.com/watch?v=jqhNOld33Ck&feature=related>. Acesso em: 20 jan. 2012.

BRAIN, M. Como funciona a falsificação de dinheiro: examinando uma nota de R$ 50. **How Stuff Works** = Como Tudo Funciona. Disponível em: <http://pessoas.hsw.uol.com.br/falsificacao2.htm>. Acesso em: 30 nov. 2011.

_____. Como funciona a falsificação de dinheiro: introdução. **How Stuff Works** = Como Tudo Funciona. Disponível em: <http://pessoas.hsw.uol.com.br/falsificacao.htm>. Acesso em: 30 nov. 2011.

_____. Como funcionam os motores de carros. **How Stuff Works** = Como Tudo Funciona. Disponível em: <http://carros.hsw.uol.com.br/motores-de-carros.htm>. Acesso em: 30 nov. 2011.

_____. Como funcionam os motores 2-tempos. **How Stuff Works** = Como Tudo funciona. Disponível em: <http://ciencia.hsw.uol.com.br/motor-2-tempos.htm>. Acesso em: 30 nov. 2011.

BRASIL. Lei n. 8.213, de 24 de julho de 1991. **Diário Oficial da União**, Brasília, 14 ago. 1991. Disponível em: <http://www010.dataprev.gov.br/sislex/paginas/42/1991/8213.htm>. Acesso em: 28 nov. 2011.

BRASIL. Ministério da Saúde. **Protocolos de atenção integral à saúde do trabalhador de complexidade diferenciada**. Brasília, fev. 2006. Disponível em: <http://bvsms.saude.gov.br/bvs/publicacoes/protocolo_ler_dort.pdf>. Acesso em: 24 jan. 2012.

BREVE reflexão sobre arte do relacionamento com o cliente. **UOL Mais**. 22 abr. 2011. Disponível em: <http://mais.uol.com.br/view/5cyf6nr91f87/breve-reflexao-sobre-arte-do-relacionamento-com-o-cliente-04024C9C3564D8B90326?types=A&>. Acesso em: 29 nov. 2011.

CALAHORRA, A. M. L.. **Práticas de marketing desenvolvidas pelas empresas, tendo como enfoque o conceito de marketing societal**. Dissertação Dissertação (Mestrado em Administração) – Universidade de São Paulo, São Paulo, 1993.

CALIBRAGEM incorreta nos pneus. Disponível em: <http://www.youtube.com/watch?v=QBpl_04urlk>. Acesso em: 29 nov. 2011.

CELULAR no posto de gasolina. Disponível em: <http://www.youtube.com/watch?v=cc5tKlH_BL8&feature=related>. Acesso em: 30 jan. 2012.

COELHO, A. R. R. **Ambiente físico, atmosfera, estados emocionais e satisfação do consumidor**: uma abordagem ecopsicológica ao atendimento em agências bancárias. 224 f. Dissertação (Mestrado em Administração) – Universidade de São Paulo, São Paulo, 1994.

COMO funciona o refino de petróleo. Disponível em: <http://videos.hsw.uol.com.br/refino-de-petroleo-video.htm>. Acesso em: 29 nov. 2011.

COMO funcionam os motores flex – parte 1. Disponível em: <http://videos.hsw.uol.com.br/motor-flex-1-video.htm>. Acesso em: 29 nov. 2011.

COMO funcionam os motores flex – parte 2. Disponível em: <http://videos.hsw.uol.com.br/motor-flex-2-video.htm>. Acesso em: 29 nov. 2011.

COMO funcionam os motores 2-tempos – parte 2. Disponível em: <http://videos.hsw.uol.com.br/motores-2tempos-2-video.htm>. Acesso em: 30 nov. 2011.

COMUNICAÇÃO interpessoal. Disponível em: <http://www.youtube.com/watch?v=4zEZcWIbeWM>. Acesso em: 29 nov. 2011.

DEMONSTRE interesse nas outras pessoas. Disponível em: <http://www.youtube.com/watch?v=pOOZNUJYU2M&feature=related>. Acesso em: 29 nov. 2011.

DESCUBRA-SE.COM. **O autoconhecimento**. Disponível em: <http://www.youtube.com/watch?v=rmm3B2PZajY>. Acesso em: 29 nov. 2011.

DIEESE – Departamento Intersindical de Estatística e Estudos Socioeconômicos. Subsídios para as Negociações dos Trabalhadores em Postos de Combustíveis de Revenda de Combustíveis. **Panorama do Setor de Combustíveis**. Salvador, 2007.

DÚVIDAS na hora de trocar o óleo? – Nova Chevrolet GM. Disponível em: <http://www.youtube.com/watch?v=FRvU5qI1wMM&feature=relmfu>. Acesso em: 29 nov. 2011.

FEBRABAN – Federação Brasileira de Bancos. **Informações sobre o uso de cheques**. Disponível em: <http://www.febraban.org.br/Arquivo/Servicos/Dicasclientes/dicas3.asp>. Acesso em: 30 nov. 2011.

FECOMBUSTÍVEIS – Federação do Comércio de Combustíveis e de lubrificantes. **Convenção coletiva de trabalho 2010/2011**. Disponível em: <http://www.fecombustiveis.org.br/convencoes-trabalhistas/paraiba/convencao-coletiva-de-trabalho-2010-2011.html>. Acesso em: 29 nov. 2011.

FMU – Faculdades Metropolitanas Unidas. **Game da reforma ortográfica**. Disponível em: <http://www.fmu.br/game/home.asp>. Acesso em: 29 nov. 2011.

FREITAS, A. L. P; SUETT, W. B. Modelo para avaliação de riscos em ambientes de trabalho: um enfoque em postos revendedores de combustíveis automotivos. In: ENEGEP – Encontro Nacional de Engenharia de Produção, 26., 2006, Fortaleza. **Anais**... Fortaleza: Abepro, 2006. Disponível em: <http://www.abepro.org.br/biblioteca/ENEGEP2006_TR500338_8042.pdf>. Acesso em: 29 nov. 2011.

FREUDENRICH, C. C. Como funciona o refino de petróleo. **How Stuff Works** = Como Tudo Funciona. Disponível em: <http//ciencia.hsw.uol.com.br/refino-de-petroleo.htm>. Acesso em: 30 nov. 2011.

FUNCIONAMENTO de uma refinaria de petróleo. Disponível em: <http://www.youtube.com/watch?v=H_1TnCboGp8&feature=related>. Acesso em: 29 nov. 2011.

HOUAISS, Antônio. **Houaiss Eletrônico 2009**. CD-ROM. Aplicativo.

LIXO de Luis Fernando Veríssimo. Disponível em: <http://www.youtube.com/watch?v=a3qF8RuPB7g&feature=related>. Acesso em: 29 nov. 2011.

LORDELLO, J. Como agir durante um assalto? **Tudo sobre Segurança**. Disponível em: <http://tudosobreseguranca.com.br/portal/index.php?option=com_content&task=view&id=82&Itemid=128>. Acesso em: 30 nov. 2011.

MECÂNICA PARA TODOS. Mecânica básica. Disponível em: <http://mecanicomaniacos.blogspot.com/p/mecanica-basica.html>. Acesso em: 30 nov. 2011.

NETO, P. C. Como funciona o programa de álcool no Brasil. **How Stuff Works** = Como Tudo Funciona. Disponível em: <http://carros.hsw.uol.com.br/programa-alcool-brasil2.htm>. Acesso em: 30 nov. 2011.

NOGAROLI, N.; STRINGARI, C. Óleo do motor: o barato pode custar muito caro! Motor On-line. Disponível em: <http://www.motoronline.com.br/fichatec/oleo.htm>. Acesso em: 29 nov. 2011.

PREVENÇÃO de incêndio. Disponível em: <http://www.fiocruz.br/biosseguranca/Bis/lab_virtual/prevencao_de_incendio.html>. Acesso em: 30 nov. 2011.

ROQUE, A. Franquias: a relação franqueado/franqueador. **Administradores.com.br**. Disponível em: <http://www.administradores.com.br/informe-se/artigos/franquias-a-relacao-franqueado-franqueador/58641/>. Acesso em: 29 nov. 2011.

R7 VÍDEOS. Conheça a história do jogador de futebol que queria ser bombeiro. ***Esporte Fantástico***, 21 ago. 2010. Disponível em: <http://esportes.r7.com/videos/conheca-a-historia-do-jogador-de-futebol-que-queria-ser-bombeiro/idmedia/f0d6862a30ecc0c111454253ea79f05d-1.html>. Acesso em: 14 dez. 2011.

SÃO PAULO (Estado). Assembleia Legislativa. ***Relatório Final dos Trabalhos***. Comissão Parlamentar de Inquérito – Constituída com a Finalidade de Apurar Eventuais Irregularidades na Distribuição, Comercialização e na Qualidade dos Combustíveis no Estado. Disponível em: <http://www.al.sp.gov.br/StaticFile/documentacao/cpi_combustiveis_relatorio_final.htm. Acesso em: 28 nov. 2011>.

SULPETRO – Sindicato Intermunicipal do Comércio Varejista de Combustíveis e Lubrificantes do Estado do RS. ***Cartilha do posto revendedor de combustíveis***. Disponível em: <http://www.coopetrol.com.br/novo/sulpetro/sulpetro_cartilha_bx.pdf>. Acesso em: 28 nov. 2011.

Gabarito

Capítulo 1

1) Do comportamento do cliente, da conduta do frentista e dos objetivos do posto.

2) Manusear corretamente os equipamentos destinados à comercialização de combustíveis, lubrificantes, aditivos e correlatos utilizados em veículos automotores; vender e repor de botijões de água, gás e outras mercadorias; calibrar pneus; receber os valores monetários pagos pelo cliente; efetuar o recebimento dos combustíveis que chegam da distribuidora, na ausência da pessoa responsável por esse serviço.

3) Habilidades técnicas e humanas.

4) Pensar muito bem nas palavras que serão usadas no processo de comunicação, de forma que a ideia a ser transmitida fique clara.

5) Trabalhar em equipe significa desenvolver bem a sua função para que o colega possa desenvolver melhor ainda a dele.

6) É preciso recepcionar muito bem o cliente, entender que ele é um ser humano complexo e sempre ter atitudes positivas.

Capítulo 2

1) No engate da mangueira de combustível com o gatilho do bico de abastecimento; no engate da mangueira de combustível com o teto da bomba e no gatilho do bico de abastecimento (mola).

2) Primeiramente, perguntar ao motorista o tipo de combustível utilizado. Vale lembrar que o automóvel

deve estar com o motor desligado, a mangueira de combustível não pode estar transpassada por baixo do automóvel, o condutor ou caroneiro de motocicleta não pode estar em cima desta durante o abastecimento, o *display* da bomba precisa estar totalmente zerado e o teclado da bomba só pode ser acionado com os dedos.

3) Sempre que um cliente solicitar.

4) Não. A água da lavagem da pista de abastecimento deve ser separada do óleo. Por isso, existem canaletas que coletam a água e a direcionam para um sistema de filtragem. Esse sistema de filtragem ajuda na preservação do meio ambiente.

5) Verificar que tipo de óleo está no motor do veículo.

6) Verificando se existem tabelas na coluna da porta do motorista ou na tampa de combustível. Caso não existam tabelas nesses locais, é preciso consultar o manual do veículo para verificar a recomendação do fabricante.

Capítulo 3

1) Diminuir o atrito e o desgaste entre as peças móveis do motor, fazer a limpeza do motor e diminuir sua temperatura de funcionamento.

2) Porque os motores dos carros são sistemas muito complexos e só os especialistas sabem como determinar a causa exata do problema. Além disso, nem sempre os vazamentos de óleo são originados no motor, pois existem outras partes dos veículos que também utilizam esse material.

3) Fechar muito bem a tampa do reservatório, caso ela tenha sido aberta; não abrir a tampa do reservatório com o motor quente; esperar o motor esfriar para completar o nível da água do reservatório.

a) A calibragem correta dos pneus auxilia o sistema de direção na prevenção e correção de possíveis falhas.

b) A suspensão tem a finalidade de compensar as irregularidades da pista.

c) O fluido de freio transmite a pressão que o motorista faz no pedal para as pastilhas e lonas de freio.

d) Caso haja infiltração de água no módulo da injeção eletrônica durante a lavagem do veículo, este queimará.

4) Por fazer parte do sistema elétrico de um carro, o veículo poderá apresentar dificuldades para ligar caso a bomba de combustível esteja suja ou danificada.

Capítulo 4

1) Pressa, improviso, suposição e autoexclusão.

2) Os atos inseguros estão diretamente relacionados ao fator humano, enquanto as condições inseguras estão relacionadas ao ambiente de trabalho.

3) O calor, o combustível e o comburente (oxigênio).

Classe de incêndio	Caracterização da classe de incêndio	Tipo de extintor utilizado para apagar o incêndio
A	Incêndio de materiais que queimam na superfície e na profundidade.	Extintor de água
B	Incêndio em materiais inflamáveis, que queimam apenas em superfície e são muito suscetíveis a explosões.	Extintor de pó químico e/ou extintor de gás carbônico
C	Incêndio em equipamentos elétricos e eletrônicos.	Extintor de pó químico e/ou extintor de gás carbônico
D	Incêndio provocado por elementos químicos específicos.	Necessita de extintor específico, dependendo do produto que provocou o incêndio.

a) F

b) V

c) V

d) F

e) V

Sobre a autora

Janieyre Scabio Cadamuro é formada em Economia pela Fundação de Estudos Sociais do PR – FESP. Possui pós-graduação em Educação a Distância pelo SENAC e aula ouvinte de MBA em Gestão de Recursos Públicos pela Faculdade Expert. Com aproximadamente 16 anos de experiência na área de gestão de pessoas, é autora de diversos materiais didáticos nas áreas de logística, finanças, contabilidade e gestão. Além disso, participou do desenvolvimento da construção de perfis, matrizes, fluxogramas e instrumentos de avaliações de competências para profissionais que atuam no mercado de trabalho sem certificação formal. Como pesquisadora, desenvolveu um estudo junto à Universidade Estadual de Maringá – UEM, no qual analisou a importância das interações comunicativas para o desenvolvimento/aprimoramento de um modelo pedagógico que atenda às necessidades do ensino a distância – EAD.

EDITORA intersaberes

Rua Clara Vendramim, 58 . Mossunguê
CEP 81200-170 . Curitiba . PR . Brasil
Fone: (41) 2106-4170
www.intersaberes.com
editora@editorainterseaberes.com.br

CONSELHO EDITORIAL
Dr. Ivo José Both (presidente)
Drª. Elena Godoy
Dr. Nelson Luís Dias
Dr. Neri dos Santos
Dr. Ulf Gregor Baranow

EDITOR-CHEFE
Lindsay Azambuja

EDITOR-ASSISTENTE
Ariadne Nunes Wenger

EDITOR DE ARTE
Raphael Bernadelli

PREPARAÇÃO DE ORIGINAIS
Raphael Moroz

REVISÃO DE TEXTO
Keila Nunes

CAPA
Fernando Zanoni Szytko

PROJETO GRÁFICO
João Leviski Alves
Stefany Conduta Wrublevski

DIAGRAMAÇÃO
Fernando Zanoni Szytko

ICONOGRAFIA
Sandra Sebastião

ILUSTRAÇÃO
Dagoberto Pereira
Murilo Kleine
Fernando Zanoni Szytko

FOTOGRAFIA DA CONTRACAPA
Raphael Bernadelli

MODELO DA FOTO DA CONTRACAPA
Silvestre Pereira de Souza

Dados Internacionais de Catalogação na Publicação (CIP)
Index Consultoria em Informação e Serviços Ltda. Curitiba - PR

Cadamuro, Janieyre Scabio
    Atendimento de qualidade em postos de combustível/Janieyre Scabio Cadamuro.
— Curitiba : InterSaberes, 2013.

    Bibliografia
    ISBN 978-85-8212-571-7

    1. Clientes – Atendimento – Controle de qualidade 2. Frentistas – Formação profissional 3. Postos de gasolina – Administração I. Título.

    12-10012   CDD 629.286

Índices para catálogo sistemático:

1. Profissão: Frentistas; Atendimento de qualidade: Serviços de atendimento em postos de combustível 629.286

1ª edição, 2013.
Foi feito o depósito legal.

Informamos que é de inteira responsabilidade da autora a emissão de conceitos.
Nenhuma parte desta publicação poderá ser reproduzida por qualquer meio ou forma sem a prévia autorização da Editora InterSaberes.
A violação dos direitos autorais é crime estabelecido na Lei Nº 9.610/1998 e punido pelo art. 184 do Código Penal.

Os papéis utilizados neste livro, certificados por instituições ambientais competentes, são recicláveis, provenientes de fontes renováveis e, portanto, um meio responsável e natural de informação e conhecimento.

FSC
www.fsc.org
MISTO
Papel produzido a partir de fontes responsáveis
FSC® C103535

Impressão: Reproset
Setembro/2021